Albert Gasser
Kleine Kirchengeschichten
Essays

T0162906

TVZ

Albert Gasser

Kleine Kirchengeschichten
Essays

EDITION **N Z N**
BEI **T V Z**

Theologischer Verlag Zürich

Die deutsche Bibliothek – Bibliografische Einheitsaufnahme
Die Deutsche Bibliothek verzeichnet diese Publikation in der
Deutschen Nationalbibliografie;
detaillierte bibliografische Daten sind im Internet über
<http://dnb.ddb.de> abrufbar.

ISBN: 978-3-290-20045-9

Umschlaggestaltung: Simone Ackermann, Zürich
(Bild: Luftbild Schweiz, © Haus der Stille Kappel am Albis,
mit freundlicher Genehmigung)

Satz und Layout: Verena Schaukal, Paris

Druck: ROSCH-BUCH GmbH, Scheßlitz

© 2008 Theologischer Verlag Zürich
www.tvz-verlag.ch

Inhalt

1

Kirche – Weg zu Christus oder Christus im Weg?

Die Frage ist gewiss nicht brandneu. Es geht jetzt auch nicht darum, den mittlerweile etwas verhallten Slogan «Jesus ja – Kirche nein» im altvertrauten Sinn wieder anzustimmen, um am Schluss der Kirche doch einiges zugute zu halten. Die Kirche ärgert zwar viele, schwächt aber auch einige Ärgerlichkeiten Jesu ab, so dass man sich einigermaßen kommod einrichten kann. Die Christenheit hat die Spitzen der Bergpredigt längst hilfreich und lebensfreundlich zurechtgebogen. Die Botschaft wird nicht so heiß gegessen, wie sie gekocht wurde.

Es geht hier um mehr. Die Menschwerdung des Sohnes Gottes, wie sie die Kirche bekennt, verkündet die unüberbietbare Nähe Gottes, die mit Jesus von Nazareth in der Geschichte aufgetaucht, in Raum und Zeit sichtbar und erfahrbar geworden ist. Der Sohn Gottes ist einer von uns geworden und hat unter uns sein «Zelt aufgeschlagen» («eskenosen» heißt es im griechischen Urtext bei Joh 1,14). Von diesem griechischen Verb stammt das Wort «Szene». Sinngemäß wörtlich ausgefaltet heißt das: Er hat die «Szenerie» dieser Welt betreten, er «setzte sich in Szene». Er zog mit uns, solidarisierte sich mit den Menschen, litt mit ihnen und für sie. Was kann es Tröstlicheres geben? Nichts. Dem ist nicht zu widersprechen. Nur ist mit dem Menschsein immer auch das Ärgernis verbunden. Davon ist Jesus naturgemäß nicht ausgenommen. Jeder Mensch ist zwiespältig, was auch heißt, er spaltet, polarisiert mehr oder weniger, zieht an, stößt ab, verbindet, entzweit. Analog zu Tieren erobert sich jeder Mensch auf seine individuelle Art sein «Revier» und grenzt es ab. Jeder Mensch sucht

Nähe zu anderen Menschen, aber wenn ihm jemand zu nahe kommt, weist er ihn zurück.

Das Ärgernis Jesu beschränkt sich also nicht auf seinen schrecklichen Tod sowie diverse Redewendungen und Verhaltensmuster, sondern beginnt allein schon mit seinem puren Dasein. Jeder Mensch ist naturgegeben Träger von Sympathie und Antipathie. Alles Konkrete steht in Konkurrenz zu anderem Konkreten. Jede Position provoziert Opposition. Jedes Sprechen reizt zum Widerspruch, auf jede Rede folgt eine Gegenrede. Eine starke Persönlichkeit generiert Gegenkräfte. Der Mensch verbraucht Menschen und wird von ihnen verbraucht.

In Jesus leuchtete das Antlitz Gottes auf und bahnte sich die Botschaft vom «Gott mit uns» den Weg zu uns. Aber Jesus war auch einer von vielen, einer von Unzähligen. Das «Ebenbild des unsichtbaren Gottes, der Erstgeborene der ganzen Schöpfung» (Kol 1,15) war in der Menschheitsgeschichte ein «Exemplar» von Milliarden. Er hatte seinen einmaligen Fingerabdruck, seine unverwechselbare Gestalt, den ihm eigenen Ausdruck der Augen, seine Physiognomie, seine typische Gestik. Freunde und Vertraute hörten ihn an seinem Gang kommen. Dann seine Stimme, die Art seines Redens, die bevorzugte Wortwahl, sein Humor, seine Empfindlichkeiten und seine Verletzbarkeit. Dazu kamen auch Vorlieben für Speisen und Getränke. Jesus war, wenn die Polemik da auch übertreibt, kulinarischen Genüssen und vorzüglichen Weinen nicht abgeneigt. Seine Bildsprache verrät da einiges. Von modernen Gurus wird erzählt, dass sie sich nach ihren menschenfängerischen Auftritten hüten, mit der Jüngerschaft auf Tuchfühlung zu gehen. Also kein anschließendes Stelldichein bei einem Kaffee, schon gar nicht bei einem Bier. Denn da könnte die Weihrauchwolke, in die sie sich eben gehüllt hatten, verdunsten, und das Ordinäre und Banale der Alltagsbedürfnisse und die nackte Fläche der menschlichen Fassade zum Vorschein kommen. Dass ja nicht der aufgetragene Lack absplittert! Solche Berührungsängste kannte Jesus nicht.

Er suchte aber weniger das Bad in der Menge, bei dem die Leitfigur immer noch entrückt bleibt, sondern eher die überschaubare nachbarschaftliche Nähe und Geselligkeit, setzte sich bei kleinen Gruppen an einen Tisch, wie es sich ergab, oder auch da, wo es ihm wohl war, was die andern Tische wieder ärgerte, weil er sich nicht zu ihnen gesellte. Da konnte man ihn aus der Nähe beobachten, was und wie viel er aß, und wie oft er sich einschenken ließ, wie er lachte, mit Charme und Witz und Ironie um sich schlug, spontan ein Kompliment austeilte oder einen Verweis erteilte, mit wem er sich gerade in ein Gespräch vertiefte, während die anderen Tischgenossen auf der Lauer lagen, ihn endlich einmal unter vier Augen sprechen zu können. Ein Gedränge und Gerangel allenthalben. Und dann kam der Moment, wo sich Jesus wieder allen ruckartig entzog, ohne allgemeines Händeschütteln, ab und weg in die Stille. Er konnte unmöglich alle umarmen. Aber die, denen er diese Gunst erwiesen hatte, dürften es stolz, freudig und genüsslich weitergesagt und damit Neid und Klatsch entfacht haben. Des ungeachtet pflegte er seine privaten Besuche. Einladungen nahm er gerne an, um sich zu entspannen, ließ sich von Frauen verwöhnen, so bei Maria und Martha, und prompt wurde die behagliche Atmosphäre durch einen Eifersuchtsanfall von Letzterer getrübt (Lk 10,38–42).

Jesus hatte offensichtlich einen beachtlichen Bekannten- und Freundeskreis von Männern und Frauen. Da war in seinem Gefolge unter anderen eine verheiratete Frau, und zwar die Gattin eines Beamten aus der Administration des Herodes (Lk 8,2f.). Er hat diese Frau nicht abgewiesen und ging damit wohl kein geringes Risiko für sein Image und möglicherweise sogar für seine persönliche Sicherheit ein. Eine heikle Sache. So etwas machte ihn anfechtbar, wie der Kontakt mit Prostituierten, den man ihm vorwarf. Was man wohl tuscheln mochte, ließ ihn anscheinend kalt. So verteidigte er auch eine Ehebrecherin (Joh 8,1–11). Ein auf seine Art intimes Gespräch mit einer Frau am Jakobsbrunnen irritierte auch seine zurückkommenden Jünger (Joh 4,1–27).

Andere wiederum wies er dezidiert ab, ohne Grundangabe. Er wählte, wen er wollte. So sagte er es ausdrücklich. Jesus war wählerisch. Und unter den Erwählten gab es Bevorzugte. Zweifellos. Da war der Konflikt vorprogrammiert. In einer solchen Auswahlgemeinschaft steckt der Wurm. Im Zwölferkollegium waren Spannungen an der Tagesordnung. In Abwesenheit des Meisters stritten sie sich. Wenn er plötzlich auftauchte, wagten sie ihm nicht in die Augen zu schauen (Mk 9,33f.). Die «Donnersöhne» Jakobus und Johannes dürften keine geringe Belastung für das hochsensible Kollegium gewesen sein, anscheinend mehr als Petrus (Mt 20,20–24). Wie auch immer. Da gab es obendrein den Lieblingsjünger, keine geringe Zumutung für die übrigen. Und es wird wohl so gewesen sein, dass mancher aus dem Zwölferkreis sich nach einer Gelegenheit sehnte, auf der Wanderung einmal allein eine Stunde an der Seite Jesu gehen zu dürfen, die persönliche Zuneigung des Meisters zu spüren, ein Privatissimum mit ihm zu erleben, das die übrigen Weggenossen rein gar nichts anging, und das sich günstig auf eine spätere Karriere im anbrechenden Reich auswirken dürfte. Allerdings, auch das wird sich unter den rivalisierenden Zwölfen herumgesprochen haben, durfte man Ambitionen nur verdeckt und bescheiden vorgetragen anbringen, in der Hoffnung, dass der Chef es nicht merkt. Sonst konnte eine Abfuhr auf der Stelle erfolgen. Aber der durchschaute doch alle. Und der eine und andere aus dem erwählten Kreis wird sich hie und da Gedanken gemacht haben, ob er sich auf dieser apostolischen Wanderschaft eines Tages unter «ferner liefen» wiederfindet. Da meinte vielleicht einer zu spüren, dass der Meister ihn in letzter Zeit links liegen lasse. Hat dieser doch unlängst so nebenbei eine Bemerkung hingeworfen, die sich verletzend anhörte, und eine seltsame Andeutung gemacht, die schwierig einzuordnen war. Was wollte er damit sagen? Was meinte er? So etwas verunsichert. Jesus war ja auch nicht selten recht kurz angebunden. Wird man möglicherweise bald einmal abgehängt, fallen gelassen? Der Rabbi benahm sich oft rätselhaft. – Natürlich ist von dem ausufernd Geschilderten einiges nicht aktenkundig, nicht durch Quellen gedeckt. Aber unrealistisch ist es nicht. Und nur darum geht es hier. Denn die Freundschaft mit Jesus beinhaltete Nähe und Ferne zugleich. In menschlicher Gemeinschaft kann Offenheit schockieren. Beziehungen trüben sich laufend. Missverständnisse und Verstimmungen stellen sich ein. So will es das Gesetz des Lebens und Zusammenlebens, dem auch der Jesuskreis unterworfen war. Die Furcht vor Liebesentzug war ein ständiger Begleiter. Man kann auch unter Freunden und Bezugspersonen vereinsamen. Gegenwart erzeugt immer auch Distanz. Umgekehrt kann Abwesenheit neue Sehnsucht und Vertrautheit bewirken.

Was Wunder, dass auch in Jesus die Versuchung aufkam, seinen ihm mühsam gewordenen Zirkel aufzugeben, diesen Menschenknäuel abzuschütteln wie eine lästige Kette von den Füßen. Er hatte es gelegentlich satt, sich mit seinem selbst zusammengewürfelten Klüngel und dem oft unerwünschten zusätzlichen Anhang herumzuschlagen (Mt 17,14–21). Er war es leid, diesen sich balgenden Platzhirschen weiter zuzuschauen und immer wieder vermitteln zu müssen. Die größte Enttäuschung sollte erst noch kommen. Als er in der Todesangst selbst den Beistand der Seinen suchte, ließen sie ihn im Stich.

Jesus war wie einer von uns, «in allem uns gleich», und so sprach auch er nicht alle gleich an. Er hatte eine gewaltige Ausstrahlung, die Herzen flogen ihm zu. Aber bei jeder charismatischen Gestalt sind der Sog und die Attraktivität verschieden. Wo die Ansprechbarkeit enorm ist, meldet sich auch heftiger Widerspruch. Jesus sagte auch Dinge, die selbst anfängliche

Sympathisanten unerträglich fanden (Joh 6,60). Jesu Wirkung war auf Frauen anders als auf Männer. Er war auch nicht der «Typ» aller. Die «Chemie» musste stimmen, unabhängig vom Inhalt dessen, was er sagte. Zudem musste man gerade in der richtigen Verfassung sein, um in die Anziehungskraft Jesu zu geraten, in der entsprechenden Stimmung, zum Beispiel mitten in einer Lebenskrise, oder geographisch exakt in der Kurve, die Jesus in diesem Augenblick kreuzte, um dem Meister während seines flüchtigen Aufenthalts in genau dieser Stadt zu begegnen. Um in den Kreis der Zwölf zu gelangen, war es auch entscheidend, dass die Gefährten sich im richtigen Alter befanden, so um die dreißig, da bestanden die besten Chancen. Es hing von einer bestimmten, einmaligen Konstellation in Raum und Zeit und Umgebung ab, ob die Bewohner Palästinas Jesus erblickten und erlebten.

So eindeutig war Jesus nicht in Rede und Umgang mit denen, deren Weg er kreuzte. Er konnte gewinnend und schroff sein. In einer großzügigen Geste hilft er einem judenfreundlichen Hauptmann der römischen Besatzungsmacht und heilt dessen Offiziersordonnanz (Lk 7,1–10). Andererseits gibt er sich einer Hilfe suchenden, kanaanäisch-heidnischen Frau auf Anhieb zunächst eng israelitisch zugeknöpft und speist die Gequälte mit einer beispiellos abschätzigen und beleidigenden Bemerkung vorerst ab, bis die Geduld und Hartnäckigkeit der Bittstellerin ihn eines Besseren belehrt (Mt 15,21–28).

Dazu kommt das meist unterschlagene Generationenproblem. Man macht es sich zu einfach mit der historisch und theologisch gekürzten Erklärung: Jesus musste sterben, weil er den Mächtigen an den Karren fuhr und die Ohnmächtigen um sich scharte. Jesus stand die Macht und Gewalt der Rede meisterhaft zu Gebote. Unpolemisch war er bei Gott nicht. Wut, Zorn und Trauer sind zur Genüge bezeugt. Und so harmlos und mittellos war die Bewegung um Jesus nun auch nicht. Da gab es in seiner Gefolgschaft eine latente Gewaltbereitschaft, und anscheinend zirkulierten auch Waffen (Lk 22,38). Ferner führte die Mannschaft Jesu eine Kasse. (Franz von Assisi ging mit seiner Bruderschaft radikaler um als Jesus.) Und der Prozess Jesu war ein komplexer Vorgang. Das Zusammenwirken zwischen jüdischen Behörden und allfällig aufgeputschtem Pöbel einerseits sowie römischer Besatzungsmacht andererseits wird historisch nie exakt zu klären sein. Wenn das mörderische Verfahren gegen Jesus von Nazareth überstürzt war, wofür einiges spricht, dürfte auch unkontrollierbare Eigendynamik mitgespielt haben, die zum katastrophalen Ausgang führte. Überhaupt, linear lief das Jesusereignis keineswegs ab. Jesus war flexibel. Auch in gehobenen Kreisen war er ein gerngesehener Gast und forderte auch Intellektuelle heraus – man denke an die Begegnung mit Nikodemus und an die Debattierfreudigkeit und Schlagfertigkeit Jesu. Die Ablehnung vonseiten der «Hohenpriester und Schriftgelehrten» war wohl nicht bloß böser Wille und Angst vor Autoritätsverlust. Stellen wir uns einen Prozess vor gegen die Verantwortlichen am Justizmord Jesu, und wir müssten die Verteidigung der Hauptbelasteten übernehmen. Es gäbe da allerhand Entlastendes vorzubringen, wenn wir uns die provozierende und nicht selten äußerst aggressive Art Jesu vergegenwärtigen. War diese Schärfe gegen die Schriftgelehrten und Pharisäer denn so nötig, wenn sie in dieser Wortwahl wirklich auf Jesus zurückgeht und ihm nicht nachträglich in den Mund gelegt wurde? Kein Geringerer als Jesus selbst bringt Verständnis für die auf, die ihn ablehnen (Mt 12,32).

Man versetze sich in unsere Zeit und Gesellschaft. Es stellt sich von selbst eine Blockade ein, wenn ein dreißigjähriger Senkrechtstarter die Alten Mores lehren will. Das war zur Zeit Jesu nicht anders. Es bedarf keiner Anstrengung oder gar Überwindung, sich in die Jesus ablehnenden Zeitgenossen hineinzufühlen. Was nimmt sich dieser «junge Schnaufer» da eigentlich heraus!? Dieser Parvenü, dieser unbedarfte Autodidakt. Wo ist sein Bildungsausweis? Was steckt in seinem «Schulsack»?

Und wie steht es um seinen Ursprung, seine Abstammung? Und die Herkunft aus einem «Kaff», die eigentümlich galiläische Dialektfärbung derer da unten, die einen von vornherein zum Schmunzeln bringt, zum Imitieren reizt, über die man in Jerusalem und Judäa Witze reißt (vgl. Mt 26,73). Ferner die Abkunft aus unbedeutendem Kleinbürgerstand. Kann man so jemand ernst nehmen? Der will auf einmal alles besser wissen. Und der Kern dieser Jesusbewegung, besteht er nicht aus lauter forschem Jungvolk? Eine aus frustrierten Fischern aufgehetzte Bande aus dem Seeland, denen das ungezügelte Umherschwärmen besser gefällt als Sesshaftigkeit und geregelte Arbeit, und die ihre Familien im Stich lassen, wie man hört.

Nochmals zum inneren Kreis zurück. Auch die «Zwölf» hatten durchaus ihre Probleme mit Jesus und er mit ihnen. Nach der Hinrichtung des Meisters, angesichts seines abrupten und brutalen Todes, werden bei den engeren Freunden und Bekannten persönliche Verletzungen wieder zu bluten angefangen haben, wie es für die Trauerarbeit bei Angehörigen nach Todesfällen und plötzlichen Verlusten typisch ist. Zumal das Verhalten des «harten Kerns» nach Gefangennahme und Verhör jegliche Solidarität vermissen ließ. Petrus versuchte, sein Versagen mit heftigem seelischem Schmerz und Tränen zu verarbeiten.

Der österliche Christus änderte die Beziehungen. Der auferweckte Herr kehrte ja nicht in das irdische Leben zurück, sondern eröffnete denjenigen, denen er sich offenbarte, eine völlig neue Dimension. Die «Verklärung» bedeutete nicht bloß die geheimnisvoll strahlende Wiederherstellung seines geschundenen Leibes, sondern rückte auch die persönlich erlittenen und zugefügten Verletzungen in seinem Bezugsfeld in ein neues Licht. Es ging nicht mehr darum, in alten Wunden zu wühlen, was oft schmerzhafter ist als die ursprünglichen Blessuren. Thomas darf in der symbolträchtigen Erzählung mit den Fingern die Wunden sachte berühren, aber nicht daran scheuern oder darin kratzen. So reißt er sie nicht von neuem auf. Aber Jesus und Thomas stellen sich den Verletzungen, und die «Wundmale» bleiben für immer, auch wenn die Blutung gestillt ist. Mit den «Narben» können und müssen die Freunde Jesu leben. Sie sind unveräußerlicher Bestandteil der Erinnerung. Diese «Memoria» lässt sich nicht verdrängen, aber der neu sich formierende Kreis Jesu kann positiv daran wachsen und tut es auch. Die wiederum symbolisch dichte Episode mit dem Auferstandenen und Petrus am See von Tiberias erzählt einen Dialog zwischen beiden, der die schmerzliche Vergangenheit thematisiert. Die Heilung erfolgt aber nicht durch rückwärts gewandte Aufarbeitung, sondern durch Einweisung in die künftige Aufgabe (Joh 21,15–19). Der Logos betreibt Logotherapie.

Trotz allem. Zeitlebens dürfte eine verständliche Befangenheit die Beteiligten an der gemeinsamen Wanderschaft mit Jesus begleitet haben. So kommt es auch nicht von ungefähr, dass die Verfasser der Evangelien nicht aus dem unmittelbaren Umfeld Jesu, aus dem Kreis seiner Augen- und Ohrenzeugen stammen. Und erst recht gilt das für den «Architekten» der jungen Kirche. Paulus hat Jesus nicht persönlich gekannt. Er wurde von ihm in einer alles umwerfenden Erfahrung erfasst und getroffen. Er seinerseits war unbelastet. Da fiel auch die Scham und Zurückhaltung der persönlichen Betroffenheit dahin. Da verbarrikadierte keine «Inzestschranke» die literarische Beschäftigung mit dem Herrn. Paulus stilisierte und «idealisierte» Jesus. Paulus «konstruierte» aus dem Jesus von Nazareth den Christus der Kirche. Die Biografie des Herrn interessierte ihn nur am Rand. Er verkürzte und konzentrierte das Leben Jesu auf Tod und Auferstehung und deren Heilsbedeutung für die Nachfolgerschaft Christi. Die abgekürzte paulinische Christusformel, welche die Worte und Wirksamkeit Jesu ausklammert, ist auch ins Credo der Alten Kirche eingegangen.

Paulus wies also den abgekürzten Weg von Jesus zum Christus. Der paulinische Christus ist auch unser Zugang zu Jesus. Natürlich ist er auch der Jesus der Evangelien, der Tröster und Heiland, der Fordernde, Schenkende und Vergebende, aber es dominiert doch immer die entrückte Ikone Christi, die auf uns zukommt. Es ist der nachösterliche Christus, den wir aus seinen Worten hören und der auf seine Taten abfärbt. Der Gekreuzigte und Auferstandene, der erhöhte Herr ist zugleich der überhöhte Christus. Der grässliche Tod Jesu bleibt auch für Paulus ein bleibendes und vor allem für jüdische Hörer ein unbegreifliches Ärgernis, ein Skandal ersten Ranges. Er wird nicht müde, das herauszustreichen. Aber die vielen anderen peinlichen Ärgerlichkeiten der Inkarnation und Ungereimtheiten im Umgang mit Jesus sind entschärft, von Paulus gefiltert. Da der Völkerapostel den irdischen gemeinsamen Lebensweg Jesu mit seinen befreundeten Menschen ausklammert, braucht er auch keinen Schlamm zu entsorgen und Schutt abzubauen. Er gibt gereinigtes und keimfreies Klärwasser zu trinken, er erklärt uns die Quelle, die aus dem Kreuz und dem gesprengten Grab sprudelt. Paulus konnte für seinen Brief an die Philipper auf einen Christushymnus aus allerfrühestem Bekenntnisgut zum erniedrigten und erhöhten Herrn zurückgreifen. Dieser poetische Lobpreis kam seinem theologischen Anliegen, das Erlösungswerk auf das Kreuz und die kosmische Krönung Christi zu konzentrieren, genial entgegen, und er konnte ihn als Fundament in sein eigenes christologisches Urgestein einbauen.

Ein Schlussgedanke. Der Tod entgrenzt. Das Räumliche und Zeitliche, die beengenden Einschränkungen, das Früher und Später entfallen. Der Tod befreit, belebt und renoviert. Er schafft eine neue Dimension, er überdimensioniert. Das gilt für unzählige persönliche Erinnerungen und für alle Biografien. Die Lebensbeschreibungen bedeutender Persönlichkeiten stehen so oder so im Bann des überwältigenden Eindrucks, den sie hinterlassen haben und der nach dem Tod zeitlos herausgehoben wird. Das muss keine Verfälschung sein, aber sicher eine Ausformung, eine Interpretation im Sinn des Biografen.

Im irdischen Leben blieb Jesus nicht für alle erreichbar. Wenige waren es, die ihn mit den Händen berühren und ergreifen konnten. Für die meisten blieb er unerreichbar. Der auferweckte Herr hat die Grenzen aufgebrochen. Nach Tod und Auferstehung wird er unberührbar, aber im Glauben allgegenwärtig und den Herzen aller zugänglich. Das Ärgernis der Ferne und Distanz ist allerdings auch nicht aus der Welt geschafft. «Überall ist er und nirgends.» Es bleibt die Gegenwart im Geist, im Geheimnis des Glaubens.

Der Mittler zwischen Gott und den Menschen, Jesus Christus, wird uns durch die Kirche, vorzüglich durch Paulus vermittelt. Das Neue Testament ist nicht das Elaborat frei schaffender Schriftsteller, sondern stammt aus der urkirchlichen Werkstatt. Nun, das sind exegetische und theologische Binsenwahrheiten. Damit ist auch die Frage beantwortet, ob die Kirche Weg zu Christus ist oder den Zugang zu ihm versperrt. Die Antwort ist, dass diese Frage gar keinen Sinn macht. Außerhalb der neutestamentlichen Schriften gibt es keine aufschlussreichen Quellen über Jesus, und ohne Paulus hätte es wohl keine weiterwirkende Deutung und damit auch kein wirkmächtiges, die Welt veränderndes Zeugnis über ihn gegeben. Aber den Schatz Christi trug die Kirche von Anfang an «in irdenen Gefäßen» (2 Kor 4,6f.). Schon die blutjunge Kirche befand sich in einem beängstigenden Zustand, wie der Zweite Brief an die Gemeinde von Korinth erschütternd ehrlich enthüllt. Auch die Apostelgeschichte ist ebenso sehr Erbauungsschrift und Ermahnung wie historischer Erfolgsbericht über die sich ausbreitenden und wachsenden christlichen Gemeinden. Und der Hebräerbrief beschwört die Adressaten, sich doch um Gottes willen vom faszinierenden Mysterium Christi anstecken zu lassen.

Zusammenfassend: Wenn man sich mit der Kirche schwer tut – und da gibt es zweifellos gute oder besser schlechte Gründe dafür –, liegt umgekehrt die Gefahr nahe, dass man es sich mit Jesus zu leicht macht. Was allerdings auch nicht den «Notfall» ausschließt, dass man gegen jene direkt an Gott und Christus appellieren kann. Denn die Kirche bleibt immer die vorletzte Instanz.

2

Konzil von Konstanz (1414–1418):
Konstruktives und Ketzerverbrennung

Konstanz ist eine Grenzstadt. Zwischen dem schweizerischen Kreuzlingen und dem deutschen Konstanz – zwei Städte, die zusammengewachsen sind – stand bis vor kurzem ein Grenzzaun, ein gewiss harmloser und durchlässiger «Eiserner Vorhang», der aber in einer Zeit der fallenden europäischen Grenzkontrollen sich anachronistisch in der Landschaft ausnahm, zumal er auch früher atypisch für die schweizerisch-ausländische Grenzzone war.

Konstanz liegt am Bodensee, der die Schweiz, Deutschland und Österreich verbindet. Kulturell bedeutsam sind die sommerlichen *Bregenzer Festspiele* auf einer Seebühne. Im westlich auslaufenden Arm des *Untersees* liegt die Insel Reichenau, eine frühmittelalterliche Kloster- und Kirchengründung mit reicher Kunst und wissenschaftlicher Ausstrahlung. Das Klima dieser Gegend ist bekömmlich. Am Bodensee gediehen nicht nur christlicher Geist und üppige Gewächse. Wo Land und Wasser eine Symbiose bilden, entstand im Jahr 1900 am deutschen Ufer in Friedrichshafen ein technisches und industrielles Zentrum der Luftfahrt, berühmt geworden durch die Konstruktion des *Zeppelin*, benannt nach dem Pionier Graf Ferdinand von Zeppelin. Dieses gigantische, aber schwerfällige Luftschiff, das wieder über der Bodenseeregion schwebt, ist der Dinosaurier des Luftverkehrs.

Der Bodensee mündet westlich in zwei Arme. Im nördlichen Arm des Überlingersees lockt die Blumeninsel Mainau viele Besucher an. Konstanz liegt an der Stelle, wo sich die breite Seefläche zum Untersee verengt, später zum Rhein verdünnt, und wo die große Halbinsel des Bodanrückens von Radolfzell hereinragt. Ein Klein-Bosporus. Der Zufall will es, dass die beiden ungleichen Städte ein ähnlicher Name verbindet. Konstantinopel, einst die Hauptstadt des oströmischen Reiches, in türkischer Zeit sprachlich zu Istanbul angepasst, war die Polis, eben die Stadt Kaiser Konstantins, der sie im vierten Jahrhundert zur Residenz erwählte. Konstanz kommt von *Constantia*, einem römischen Kastell aus dem dritten Jahrhundert. Vom Turm des romanisch-gotischen Münsters weitet sich der Blick in die unbegrenzte Ferne, wo der Horizont sich mit der Seefläche verbindet. Ein Hauch von Meer weht herauf, denn die Größe des Bodensees macht die Erdkrümmung bereits sichtbar. Konstantinopel und Konstanz sind Bischofs- und Konzilsstädte. Die Rivalität mit den Äbten von St. Gallen und Reichenau verhinderte im Mittelalter eine größere politische Expansion der Konstanzer Bischöfe im Bodenseeraum. Das Bistum Konstanz, um 600 gegründet, wurde 1821 liquidiert. In Istanbul fristet der einstmals mächtige Patriarch von Konstantinopel auf dem Phanar heute eine kärgliche Existenz in der islamisch geprägten Türkei. Türkische Imbissstuben gibt es auch im städtischen Milieu am Bodensee, wo Tranchen von saftigem Kebab geschabt werden. Seit 1966 ist Konstanz Universitätsstadt.

Ekklesiologie ist die Lehre von der Kirche. Wann tritt sie in Aktion? Wenn die Kirche leidet. Die Dogmengeschichte macht kundig, dass man über Glaubensdaten nachdenkt, die in Gefahr oder umstritten sind. Die Kirche ist der Leib Christi, schrieb als erster Paulus. Der Leib und seine Glieder sind Gegenstand der Untersuchung und Behandlung, wenn sie krank sind oder schmerzen. Und Paulus litt an der Kirche. Dazu hatte er allen Grund.

Bischof Cyprian von Carthago schrieb um die Mitte des dritten Jahrhunderts eine Abhandlung *Über die Einheit der ka-*

tholischen Kirche. In seiner Stadt war die Kirche zerstritten und geteilt, zeitweise gar gedrittelt. Augustinus, ein Altmeister der Ekklesiologie, wusste ebenfalls, wovon er schrieb. Er lebte mit einer Kirchenspaltung in seiner Stadt. Die Theologie schwärmt nicht. Sie ist am besten beraten, wenn sie ihr Geschäft mit Nüchternheit betreibt. Sie analysiert, diagnostiziert und verschreibt Rezepte. Allerdings kommt sie fast nie ohne Polemik aus. *Hymnen an die Kirche*, wie sie die deutsche Dichterin Gertrud von le Fort, eine katholische Konvertitin, 1924 verfasste, liegen kirchlichen Profis nicht. Dafür kennen sie den Laden zu gut. Und wenn sie ähnliche Töne anschlagen, wie Bischöfe bei wichtigen Feiern und Amtshandlungen, wirken sie nicht selten angespannt und gequält, auch wenn grundsätzlich nichts dagegen einzuwenden ist, dass man sich mit den eigenen Ausführungen selbst Mut und Freude zuspricht. Gegenwärtig ist die Kirche ein Dauerthema und die Kritik an ihr ein Dauerbrenner. Sie ist seit längerem krankgeschrieben. Ihr Zustand macht allen Sorge. Aber schon in der Diagnose ist man sich völlig uneins. Die behandelnden «Ärzte» rivalisieren, schieben sich gegenseitig die Schuld an der fortschreitenden Krankheit zu. Die «Schulmedizin» von Kirchenführern und Theologen steht selbst in der Kritik, und so wimmelt es von «Heilpraktikern» an allen Fronten.

Ein Konzil war nie eine Schönwetterveranstaltung. Am ehesten noch das Zweite Vatikanum. Schon gar nicht das Konzil von Konstanz. Das zentrale Anliegen in Konstanz war dies: Was macht man, wenn gleichzeitig drei Päpste regieren, die ihre Anhängerschaft haben und einander die Legitimität absprechen? Wie kam es überhaupt zu so einer absurden Situation? 1378 war nach langer Zeit wieder ein Konklave in Rom durchgeführt worden. 1376 war Gregor XI. nach knapp siebzigjähriger Abwesenheit seiner Vorgänger aus der päpstlichen Exklave im südfranzösischen Avignon wieder nach Rom zurückgekehrt, sehr zum Leidwesen seiner Verwandten, die zum Zeichen des Verdrusses vor der Abreise in Schwarz mit den gepackten Koffern erschienen waren.

Der Absturz ins Schisma

Die Papstwahl nach seinem Tod im Frühjahr 1378 verlief chaotisch – darüber ist die Meinung einhellig. Die Römer begehrten einen Römer, gewählt wurde aber ein Neapolitaner. Die Kardinäle, die um ihr Leben bangten, gaben einen falschen Namen aus, um den Pöbel zu beruhigen. Später wurde das korrekt korrigiert, und die Meute marschierte nicht nochmals. So hätte sich wieder Normalität einstellen können, wenn der neue Papst Urban VI. sich anders eingeführt hätte. Anscheinend legte er eine verletzende Überheblichkeit an den Tag und offenbarte eine pathologische Persönlichkeitsstruktur. War Urban amtsunfähig oder geisteskrank, und hatte man sich in seiner Person vollständig getäuscht? Man erinnerte sich wieder des tumultartigen Ablaufs im Konklave. Schließlich erklärten die französischen Kardinäle die Wahl Urbans für ungültig und proklamierten mit Unterstützung auch italienischer Kardinäle die Sedisvakanz. Wenn es Gründe gab, die Wahl Urbans anzufechten, musste eine Neuwahl nicht von vornherein ungültig sein. (Urbans Verhalten Jahre später machte ihn nicht glaubwürdiger, als er aus den eigenen Reihen putschende Kardinäle foltern und hinrichten ließ.)

Im süditalienischen Fondi wurde im Herbst 1378 ein neues Konklave abgehalten. Dieses wählte den Kardinal Robert von Genf zum Papst. Er schlug als Clemens VII. schließlich seine Residenz wieder in Avignon auf. Damit begann der Zustand, welcher als das fast dreißigjährige *Abendländische Schisma* in die Kirchengeschichte eingegangen ist. Die beiden Päpste trennten die Christenheit. Die Fronten ihrer jeweiligen Anhängerschaften, die man «Obödienzen» nannte, verliefen quer durch Europa, ja selbst durch Ordensgemeinschaften. Katharina von Siena, die sich seinerzeit engagiert für eine Rückkehr der Päpste von Avignon nach Rom eingesetzt hatte, warb eifrig für Urban VI., schrieb diesem aber auch eindringliche Mahnbriefe. Allgemein war Westeuropa meist avignonisch, Mittel- und Osteuropa mehrheitlich römisch. Gewisse Territorien wie das Bistum Konstanz waren unentschieden, oder andere wechselten. Das Bistum Basel war römisch, der Bischof von Chur neigte zu Avignon. Die Eidgenossenschaft hielt mehrheitlich zum römischen Papst. Als in der Schlacht bei Sempach 1386 die Eidgenossen die Österreicher schlugen, empfanden Zeitgenossen das als Strafe Gottes, weil der Habsburger zum Papst in Avignon hielt.

Dass man sich mit zwei Päpsten arrangieren könnte, war keine Option. Aber welche Lösung bot sich an? Beide Päpste pochten unbeirrt auf ihre Rechtmäßigkeit und hielten Unnachgiebigkeit für ihre Gewissenspflicht. Die Situation verschärfte sich zusätzlich, als die beiden Rivalen wieder ihre Nachfolger hatten, obwohl diese gelegentlich Verhandlungs- oder gar Rücktrittsbereitschaft ankündigten. Ab 1406 standen sich Gregor XII. aus der Nachfolge Urbans VI. (der römischen Linie) und Benedikt XIII. von Avignon gegenüber. Aber je länger der Zustand anhielt, desto mehr wurden auch einzelne von Zweifeln geplagt. Ein Priester setzte im Hochgebet der Messe, wo man den Namen des Papstes nannte, die Bitte ein: «pro illo qui est verus Papa» (für den, der wirklich Papst ist), und wollte damit sagen: Ich weiß es nicht.

Der Ruf nach dem Konzil

Verschiedene Varianten zur Behebung der Kirchenspaltung standen im Raum und wurden erwogen. Die «via facti» (faktische Lösung) wäre die diplomatische und militärische Ausschaltung eines der beiden Kontrahenten gewesen. Die «via conventionis» (Lösung durch Übereinkunft) wurde stark favorisiert. 1407 wurde eine «Gipfelkonferenz» beider Päpste auf halbem Weg zwischen Rom und Avignon, im Raum von Genua vereinbart. Die beiden Gegner reisten aufeinander zu, näherten sich einander bis auf ein paar Kilometer, kamen aber doch nicht zusammen. Nun blieb die «via cessionis» (Bereinigung durch Rücktritt) als einziger Ausweg übrig. Beide Päpste sollten abdanken. Diese Meinung gewann an Boden. Und wenn sie sich hartnäckig weigerten, müsse man sie eben absetzen. Auch diese Ansicht machte sich immer mehr breit. Aber wie und mit welcher Vollmacht? Das geht nur über ein Konzil. Das wurde die Losung.

Die Institution Konzil hat in der Kirche seit ihrer frühen Zeit eine alte Tradition, seien es Allgemeine Konzilien oder regionale Synoden. In der Alten Kirche wurden die Lehren über Jesus Christus und die Trinität in Form von verbindlichen Aussagen (Dogmen) auf Reichskonzilien (Ökumenische Konzilien) festgeschrieben.

Im Spätmittelalter wurde die Appellation an ein Konzil zu einer beliebten Waffe gegen den Papst bei dessen Streitigkeiten mit dem Kaiser oder sonstigen weltlichen Mächten. Es wurde in Traktaten und Gutachten die Doktrin ins Feld geführt, dass einem Allgemeinen Konzil die höchste Gewalt und auch die Superiorität über den Papst zukomme. Die päpstliche Vollmacht sei eingegrenzt und umschlossen von der Souveränität der Gesamtkirche. Im Gegensatz dazu hatten die römischen Kirchenrechtler längst das Gesetz festgelegt, dass der Papst von niemand gerichtet werden könne und damit unabsetzbar sei. Somit war die Spannung zwischen Papst und Konzil im Kern angelegt.

Bei der desolaten Situation mit zwei Päpsten, die unnachgiebig auf ihren Positionen beharrten, drängte sich der Ruf nach einem Konzil förmlich auf. Die Päpste fürchteten sich vor einem Konzil, aber es war klar: Ohne Konzil war das Papsttum dem Untergang geweiht. Die leidige Kirchenspaltung war nur im Rahmen eines Konzils überwindbar. Wollte man dem entgegenhalten, nur ein Papst könne ein Konzil berufen, musste man gleichzeitig eingestehen, dass ohne Konzil das Papsttum nicht zu retten war.

Probe in Pisa

Nach der nicht zustande gekommenen Begegnung beider Päpste gingen dafür die beiden gegnerischen Kardinalskollegien aufeinander zu. Weite Kreise der Christenheit vollzogen einen Rückzug in die Neutralität und warteten auf ein Konzil. Die Sturheit beider Päpste verminderte deren Anhang. Die aus beiden Obödienzen vereinigten Kardinäle beriefen 1409 ein Konzil nach Pisa, das mit Advokaten und Notaren reich bestückt war. Man machte den beiden, «die sich als Päpste aufführten», wie es in den Akten heißt, den Prozess. Den Vorsitz führte der Patriarch von Alexandrien, assistiert von den Patriarchen von Antiochien und von Jerusalem. Das war symbolisch kräftig aufgetragen. Denn obwohl diese Funktionen nur Titel darstellten, ohne Realität in der längst islamisch gewordenen Region des Nahen Orients, waren diese drei Bischofssitze zusammen mit Rom, das aber derzeit faktisch ausfiel, die Apostolischen Bischofssitze zur Zeit der Alten Kirche. Benedikt XIII. und Gregor XII. wurden als notorische Häretiker, Schismatiker und Eidbrecher abgesetzt, exkommuniziert, und der päpstliche Stuhl wurde als vakant erklärt. Für eine gültige Neuwahl setzte man eine notwendige Zwei-Drittel-Mehrheit der Kardinäle aus jeder der beiden bisherigen Obödienzen fest. Einstimmig wurde der Kardinal von Mailand, der griechischstämmige Petros Philargis zum neuen Papst gewählt, der sich Alexander V.

nannte. Das Konzil und der neue Papst hatten eine gute Ausgangsbasis. Alexander V. starb aber bereits im Jahr darauf. Als Nachfolger wurde Kardinal Baldassare Cossa gewählt und als Johannes XXIII. gekrönt. (Roncalli hat nach seiner Wahl 1958 wieder den Namen Johannes XXIII. angenommen, weil die offizielle römische Zählung die Linie von Urban VI. zu Gregor XII. als gültig ansieht, was historisch hinterfragbar ist. Er hätte sich mit ebenso viel Recht Johannes XXIV. nennen können.) Dieser erste Johannes XXIII. war eine schillernde Figur, anscheinend mehr zum Kriegsherrn als zum Kirchenmann geeignet. Vor allem seinem schlechten Image ist es zuzuschreiben, dass die Position von Pisa bröckelte und die zwei abgehalfterten Päpste mit ihren treu gebliebenen Anhängern wieder Morgenluft witterten. So kam man vom Regen in die Traufe. Statt einer vermaledeiten Zweiheit hatte man sich eine verruchte Dreiheit eingehandelt. Eine schlimme Sache, drei Päpste gleichzeitig – das hatte noch gefehlt, und so etwas hatte es auch noch nie gegeben.

Was sollte man in dieser misslichen Lage denn anderes tun, als wieder auf ein Konzil zu setzen. Aber hatte die Konzilsidee nicht Schaden genommen, weil das Konzil von Pisa sich mit seiner Linie nicht durchsetzen konnte? Auf alle Fälle gab es warnende Stimmen vor einem Konzilsgang mit neuem Konklave. Begreiflich. Wenn man die drei Päpste absetzt und einen neuen wählt, liegt die Befürchtung nahe, dass man dann als Resultat deren vier haben wird. Düstere Aussichten also. So könnte die Konzilsidee sich ad absurdum führen und die Kirchenspaltung unabsehbar und nicht mehr steuerbar erodieren lassen.

Aber gab es eine realistische Alternative zu einer Konzilslösung? Eine solche war nicht in Sicht. Trotz allem Rückschlag hatte Pisa doch die richtige Richtung angezeigt. Und schließlich hatte man allenthalben das Gewirr mit dieser unheilvollen und stupiden Papstvermehrung gründlich satt.

Drei Päpste im Clinch mit Konstanz

Nun nahm sich der deutsche König Sigismund und spätere Kaiser persönlich und initiativ der leidigen Kirchenspaltung an. Er hatte sich der Pisaner Richtung angeschlossen, aber es war ihm klar, dass nur eine Radikallösung zum Ziel führen konnte, nämlich das Ausscheiden aller drei Päpste. Der König machte die Behebung des Schismas zur Chefsache. Vorläufig aber verhandelte Sigismund mit Johannes XXIII. als dem quasi «geschäftsführenden» Papst. Der König entschied sich für Konstanz als Konzilsort, und Johannes XXIII. durfte und musste es auch formell einberufen.

Das Bistum Konstanz war bedeutend. Es reichte im Norden bis an den Neckar, im Osten bis zum Allgäu und Bregenzerwald; die Grenzen im Westen und Süden bildeten die Aare und der Grimselpass. Die alte Eidgenossenschaft gehörte zum Bistum Konstanz. Die Stadt am Bodensee lag auch strategisch günstig als Ausgangspunkt zur Rheintalroute nach Chur und den Bündner Pässen, die nach Italien führten.

Das Konzil von Konstanz entwickelte sich zwischen 1414 und 1418 zum größten Kongress des Mittelalters. Konstanz war damals eine Stadt von etwa 8000 Einwohnern, aber mit solidem landwirtschaftlichem Hintergrund, was zur Versorgung unerlässlich war. Dennoch stellte die Veranstaltung diese süddeutsche Stadt vor gewaltige logistische Probleme. Kein anderes Allgemeines Konzil der Kirchengeschichte hat auch nur annähernd so viele Leute beherbergt. 50 000 bis 70 000 Besucher werden für die vierjährige Konzilsdauer geschätzt. Alle Persönlichkeiten von Rang und Namen brachten einen riesigen Tross mit, Scharen von Dienern, Sekretären und Soldaten. Der Chronist Ulrich Richental zählte auch an die 700 Prostituierte, die sich in der Stadt aufgehalten haben sollen. Dazu gesellte sich eine Menge von Leuten, die für musikalische Unterhaltung angestellt waren. Ein gewaltiges Polizeikorps sorgte für Ruhe und

Ordnung. Johannes XXIII. verfügte allein über eine «Privatarmee» von 600 Reitern. Er war misstrauisch, und dies nicht ohne Grund. Er sah sich dort bald in einer Falle. Er kam als einziger der drei Päpste persönlich nach Konstanz, in der anfänglichen Hoffnung, dass daselbst sein Alleinvertretungsanspruch auf die Papstwürde bestätigt und bekräftigt würde. Denn was sollte es diesbezüglich zu verhandeln geben. War es nicht so, dass das Gros der Christenheit ihn als den einzigen gültigen Repräsentanten ansah? Das stimmte auch. Aber er musste rasch zur Kenntnis nehmen, dass das Konzil entschlossen war, die Papstfrage nochmals zur Gänze aufzurollen, und daran war er zu einem beträchtlichen Teil selbst schuld.

Die drei Herren hätten einzeln für sich in päpstlicher Aufmachung auftreten dürfen bis zu einem Konzilsentscheid. Von Gregor XII. und Benedikt XIII. erschienen lediglich ihre Delegierten.

Gegen Weihnachten 1414 kam das Konzil, das am 5. November feierlich eröffnet worden war, richtig in Gang. Nach anfänglicher Skepsis am Zustandekommen des Unternehmens strömten nun sehr viele nach Konstanz. Es wurde ein Generalkonzil, das seinem Namen alle Ehre machte. Die Theologenzunft war exzellent präsent, und die Universität Paris wurde ihrem Ruf für Spitzentheologie voll gerecht. Der Aufmarsch der «Laien» war eindrücklich. Gesandte von Königen, Fürsten, bedeutenden Städten reisten an. Vor allem deutsche Fürsten stellten sich persönlich ein, da das Konzil im «Reich» stattfand. Die Konzilssitzungen fanden im Münster statt, das für diesen Großanlass entsprechend eingerichtet wurde. Das Konstanzer Konzil repräsentierte nicht bloß die Kirche, die ecclesia im engeren Sinn, sondern generell die abendländische Christenheit, die «universitas christiana». Will man das Konzil von Konstanz mit einem heutigen Großanlass vergleichen, drängt sich am ehesten die Vollversammlung der UNO auf.

Eklat – Flucht des Papstes

Tagungsordnungspunkt Nummer 1 war unbestritten die «causa unionis», die endgültige Wiederherstellung der Einheit der Kirche. Obwohl die Legitimität des Pisaner Papstes fast durchweg formal anerkannt war, wurde der Ruf nach einem Rücktritt aller drei Päpste immer lauter, und für Johannes XXIII. wurde es von Tag zu Tag ungemütlicher. Das Konzil entschied am 7. Februar 1415, nach «Nationen» abzustimmen und nicht nach «Köpfen», um die sehr starke Fraktion der Italiener zu brechen. Den Nationen wurde es zudem anheim gestellt, das volle Stimmrecht auch auf Magister der Universitäten, Doktoren der Theologie, Juristen und Abgesandte der Fürsten auszudehnen. Es gab vorerst auf dem Konzil vier «nationes»: die italienische, französische, englische und deutsche. Zur deutschen zählten auch die Tschechen, Ungarn, die Kroaten und Skandinavier. Nach der Absetzung Benedikts XIII. kam die spanische dazu. Johannes XXIII. hatte im Herzog Friedrich von Österreich einen Protektor, und dieser hatte im bedrängten Papst einen finanziellen Sponsor. Im Schatten eines Sportanlasses, den der Habsburger am Konzil ausrichtete, floh Johannes XXIII. am 20. März 1415, als Stallknecht verkleidet. Auf einem *«klainen rösly»* ritt er davon, etappenweise nach den österreichischen Städten, vorerst nach Schaffhausen, später nach Laufenburg und schließlich nach Freiburg im Breisgau. Die überstürzte Flucht beraubte ihn nicht nur weitgehend seines Einflusses in Konstanz: Er büßte damit am Konzil noch den letzten Rest an Glaubwürdigkeit ein. Als er sich noch erdreistete, seine Kurie unter Androhung der Exkommunikation ultimativ nach Schaffhausen zu befehlen, war das Maß voll. Nun griff das Konzil definitiv zur Selbsthilfe. Im Frühjahr 1415 kam es zu Beschlüssen, die in der Konzilsgeschichte einmalig dastehen, die Konstanz einen Nimbus verliehen und mit denen sich immer wieder Kirchenrechtshistoriker und nicht zuletzt Dogmatiker befassen.

Eine gewisse Parallele zu den späteren Vorkommnissen der Französischen Revolution springt, bei aller gebotenen Vorsicht bei solchen Vergleichen aus verschiedenen Zeiten, in die Augen. In beiden Fällen wurde der Abstimmungsmodus geändert, um sich durchzusetzen. Der Fluchtversuch Ludwigs XVI. im Frühsommer 1791 radikalisierte die 1789 konstituierte «Nationalversammlung». Die Flucht des Papstes veranlasste das Konzil zur Proklamation der Selbstbestimmung und verlieh ihm den universalkirchlichen Anspruch. Im Unterschied zum revolutionären Frankreich dachte aber das Konstanzer Konzil nie daran, das Papsttum zu liquidieren, sondern wollte es sanieren, in die Gesamtkirche einordnen und damit einschränken. Dabei drängt sich wieder ein Vergleich mit der neueren Geschichte auf: die katholische Kirche sollte zu Beginn des 15. Jahrhunderts so etwas wie eine «konstitutionelle Monarchie» werden, eingebunden in das Konzil wie in ein «Parlament». Nun, wir wollen den Vergleich nicht überziehen.

Das Konzil greift zur Selbsthilfe

Nun schlug die Stunde der tonangebenden Theologen in Konstanz. Drei Tage nach der Flucht des Papstes hielt der Kanzler der Universität Paris, Johannes Gerson, eine programmatische Predigt. Darin führte er aus, dass Christus das erste Einheitsprinzip der Kirche sei. Er sei der Bräutigam und mit der Kirche durch das eheliche Band verbunden. Der Papst sei nur der Stellvertreter des Bräutigams. Sein Verhältnis zur Kirche sei nicht unauflöslich. Er ist gleichsam bloß der Brautführer. Notfalls kann die Hochzeit auch ohne ihn stattfinden.

In der Karwoche steuerte, gleichzeitig mit dem liturgischen Drama, die Dramatik der streitenden Kirche ihrem Höhepunkt zu. Da gab es keinen Osterurlaub. Am Gründonnerstag, den 28. März, spielten sich tumultartige Szenen ab, und der

Karfreitag verlief ganz unfeierlich in fieberhafter Geschäftigkeit. In der Nacht auf den Karsamstag wurden die entscheidenden Artikel vorformuliert. Auch die Osterwoche verlief stürmisch. Unruhe und Aufregung bestimmten das Konzilsgeschehen, immer auch von der Furcht vor allfälligen Gegenmaßnahmen des abwesenden Papstes geplagt. Dessen Taktik bestand darin, das Konzil zu spalten. Die maßgeblichen Theologen versuchten unermüdlich, allen klar zu machen, dass das Konzil weiterhin rechtens tage, und beschworen die Teilnehmer, nicht auseinander zu gehen, bevor das Schisma beseitigt sei. König Sigismund betätigte sich als Vermittler unter den Konzilsfraktionen. Die Einbindung der Kardinäle, die noch einiges für den abwesenden Johannes XXIII. und möglichst viel für das Papsttum herausholen wollten, in das notwendig neue Selbstverständnis des Konzils war unentbehrlich. Das berühmte Dekret «Haec sancta» wurde am 6. April 1415 verabschiedet und lautet in der entscheidenden Passage wörtlich:

Diese heilige (Haec sancta) Synode von Konstanz stellt ein Allgemeines Konzil dar und befasst sich mit der Ausmerzung des gegenwärtigen Schismas, der Einheit und der Reform der Kirche Gottes an Haupt und Gliedern. Dieses ist zum Ruhm des allmächtigen Gottes im Heiligen Geist legitim versammelt. Um leichterer, sicherer, nützlicher und freier zur Einheit und Reform der Kirche Gottes zu gelangen, ordnet das Konzil an, entscheidet, bestimmt und beschließt Folgendes:
Das im Heiligen Geist rechtmäßig versammelte Allgemeine Konzil, das die streitende katholische Kirche repräsentiert, erklärt, dass es seine Gewalt unmittelbar von Christus hat. Ihm ist jedermann, unabhängig von Stand und Würde, selbst der päpstlichen eingeschlossen, Gehorsam schuldig, was den Glauben, das genannte Schisma und die erwähnte allgemeine Reform der Kirche Gottes an Haupt und Gliedern betrifft.

Fast so stürmisch, wie das Dekret zustande kam, gebärdet sich bis in die Gegenwart die Diskussion um dessen verbindliche Aussagekraft. Nehmen wir es vorweg. Die faktische Rezeption und die Umsetzung verliefen nicht zu Gunsten des Konzils, sondern des Papstes. Die Geschichtsschreibung versucht zu rekonstruieren, und somit ist jede historische Darstellung auch eine Konstruktion. An Konstanz scheiden sich die Geister. Die Gültigkeit des Konzils von Konstanz als 16. Allgemeines (Ökumenisches) Konzil wird von niemand hinterfragt, sonst würde man die an ihm erfolgte Wahl Martins V. und damit die Papstfolge bis zur Gegenwart in Frage stellen.

Halten wir fest: Das Konzil proklamierte und legitimierte sich hier unter Berufung auf den Heiligen Geist als oberste Instanz in der Kirche und erklärte die Superiorität über den Papst. Wie ist nun dieser Text zu werten? Wer den päpstlichen Absolutismus verteidigt und die Papstdogmen von 1870 über Primat und Unfehlbarkeit als unangefochtene Kulmination der Papstgeschichte hochstilisiert, spielt das Gewicht und erst recht die dogmatische Bedeutung des Textes logischerweise herunter. Es habe sich um eine punktuelle Notstandsmaßnahme gehandelt in einer außergewöhnlich verfahrenen Situation. Irgendwie habe sich die Kirche mit außerordentlichen Mitteln selbst aus dem Sumpf ziehen müssen. Konstanz griff zur Selbsthilfe, mehr noch, zur Notwehr, mit einem alternativlosen Krisenmanagement. Dem ist gar nicht zu widersprechen. Nur waren Konzilsentscheidungen der Alten Kirche oder in Trient ja auch stets Behebungen von Notständen. Und wenn man weitgehend geordnete Zustände in Konstanz vermisst, kann dem beigepflichtet werden. Es war auch so, dass die Stimmung an diesem denkwürdigen 6. April gereizt und gespannt war. Da tagte bei Gott kein gelöst feinsinnig akademisches und nobles Gremium, das sich in abgehobener und feierlicher Art verlauten ließ. Es war ein Notschrei. Gewiss. Aber wie war es denn vergleichsweise in Nizäa 325 und Chalzedon 451, wo die christologischen

32

Lehrsätze ausformuliert wurden, von Ephesus 431 ganz zu schweigen. Da gab es Pressionen zuhauf. Und welch ein Druck lastete auf dem Konzil von Trient, das praktisch zum Erfolg verurteilt war. Es ist auch wenig hilfreich, wenn von entgegengesetzter Seite die Freiheit des Vatikanum I bestritten und Pius IX. nachträglich mit einem psychiatrischen Gutachten als psychisch krank eingestuft wird, um auf diese Weise die Rechtskraft der Papstdogmen zu annullieren oder mindestens zu erschüttern. Die Konziliengeschichte tut uns nicht den Gefallen, gerade da, wo es um Elementares ging, verfahrenstechnisch einwandfreie Ergebnisse zu liefern, die an den Kriterien von Unbefangenheit der handelnden Personen und einer sauberen Geschäftsordnung geprüft sind. Der Geist Gottes war, wenn man so will, auf den Konzilien meist im Sturm anwesend.

Dann konzentriert sich die katholische Diskussion typischerweise immer wieder auf die Frage, ob an irgendeiner Station der Kirchengeschichte und vornehmlich der Geschichte der Konzilien eine Aussage dogmatisch und damit allgemein verbindlich zu bewerten sei oder nicht. In unserem konkreten Fall spitzt sich die Problematik auf die Frage zu: Widerspricht «Haec sancta» von 1415 dem unfehlbaren und absoluten Papst von 1870? Das sieht offenkundig danach aus. Die päpstlichen Gralshüter interpretieren Konstanz vom Ersten Vatikanum aus. Warum eigentlich? Letzteres gibt für sie die Richtschnur ab. Da muss «Haec sancta» klein beigeben. Eine fragwürdige Hermeneutik. Andere suchen nach gewundenen Erklärungen, dass Konstanz und Vatikanum I doch kompatibel sein könnten. Das sind gequälte Übungen. Historisch angemessener und dazu gewinnreich ist es, die Widersprüche stehen zu lassen, keine untauglichen Harmonieversuche anzustreben. Das viel beschworene «sentire cum ecclesia» (mit der Kirche fühlen) wird auch theologisch und spirituell mehr erbringen, wenn man die Sensibilität für die Ungereimtheiten in der Kirchengeschichte nicht unterschlägt.

Konzil als Regulativ für die Zukunft?

Lassen wir doch die Fragen nach der dogmatischen Qualifikation beiseite. Unzweifelhaft steht fest, dass die konziliare Idee längst in der Luft lag, dass sie sich am Schisma neu entzündet hat und dass man ein Korrektiv gegen päpstliche Auswüchse schaffen wollte. Wie verfuhr man nun anschließend mit den rivalisierenden Päpsten? Johannes XXIII. wurde auf Grund dieser Selbstkonstitution des Konzils feierlich und mit den höchsten, vielleicht etwas übertriebenen Anschuldigungen abgesetzt. Man schickte ihn als überladenen Sündenbock ins kirchliche Abseits. Dessen Komplizen, den Herzog Friedrich von Österreich, traf auch die Strafe des Königs, der den Habsburger mit dem Konzilsbann belegte. Sigismund lud die Eidgenossenschaft ein, dem Österreicher den Aargau wegzunehmen. Die Eidgenossen ließen sich das nicht zweimal sagen und teilten das angebotene Gebiet unter sich auf. Der Stammsitz der Dynastie, die Habsburg, ging an Bern.

Gregor XII. tat dem Konzil den Gefallen zurückzutreten, ließ sich aber ausbedingen, persönlich diese Generalsynode zu legitimieren. Benedikt XIII. wurde im Abwesenheitsverfahren ebenfalls seines Amtes enthoben. Er beugte sich nicht und verschanzte sich auf eine kleine Festung mit einem ebenso kleinen Anhang, der aber nicht mehr ins Gewicht fiel. Das Schisma war ausgeräumt. Einer geordneten Neuwahl stand nichts im Weg. Bevor man aber dazu schritt, erließ das papstlose Konzil am 9. Oktober 1417 das Dekret «Frequens», dessen entscheidende Stellen wir wieder im Wortlaut zitieren:

Die häufige (frequens) Feier von Allgemeinen Konzilien ist eines der besten Mittel, das Feld des Herrn zu bestellen. Denn dadurch werden das Gestrüpp, die Dornen und Disteln der Häresie, des Irrtums und des Schismas ausgerissen, Fehlentwicklungen werden korrigiert, das Ordnungswidrige reformiert... Daher beschließen und verfügen wir und ordnen durch vorliegende, für immer gültige Verfügung an, dass künftig Allgemeine Konzilien gehalten werden, und zwar so, dass das nächste nach Abschluss dieses Konzils in fünf Jahren stattfindet, danach das nächste sieben Jahre später und in der Folgezeit alle zehn Jahre, und zwar an einem Platz, der vom Papst mit Zustimmung und Billigung des Konzils in dem Monat vor dem Ende des abgelaufenen Konzils festgesetzt wird, oder, falls der Papst versagt, vom Konzil selbst festzusetzen und zu bestimmen ist...

Deutlicher konnte das Konzil nun wirklich nicht zum Ausdruck bringen, dass es von einer tiefen Sorge über die Zukunft der Kirche erfüllt war, ebenso wie von einem Misstrauen gegenüber künftigen Päpsten. Das Dekret «Frequens» war sozusagen die Ausführungsbestimmung zum Dekret «Haec sancta». Das ging eindeutig über Notstandsgesetzgebung hinaus. Positiv formuliert: Das Konzil wollte der Kirche eine «Verfassung» geben, die zu einem Ausgleich zwischen Papst und Konzil und damit zwischen Papst und Gesamtkirche führen sollte. Die Kirche als Ellipse mit den Brennpunkten Papst und Konzil. Keine Entmachtung des Papstes, in dessen Hand weiterhin die ordentliche Kirchenleitung liegen sollte, aber der Papst hat sich vor dem Konzil und somit vor der Kirche zu verantworten. Seine Macht wäre demnach nicht mehr unbeschränkt. Das widerspräche in keiner Weise dem Sinn des Petrusdienstes. Das also war das Konzept. Ein viel versprechendes kirchliches Zukunftsmodell am Ausgang des Mittelalters. Eine lebensfähige Verbindung von hierarchischen und demokratischen Strukturen, was eine alte Tradition in der katholischen Kirche hat. Konsensfindung durch Abstimmung und Herbeiführung von Mehrheiten, im besten Fall Einstimmigkeit ist bewährter kirchlicher Brauch, ist überliefertes Gesetz und eingebürgerte Gewohnheit. Das ist nicht identisch mit Volkssouveränität im

Rousseauschen Sinn, schon deswegen nicht, weil der eigentliche Souverän der Kirche Jesus Christus ist.

Nach einem unerwartet kurzen Konklave im «Kaufhaus» am See wurde am 11. November 1417 unbestritten, nach einem völlig einmaligen Modus, an dem die Nationen und das Kardinalskollegium je gleichberechtigt beteiligt waren, Kardinal Oddo Colonna gewählt. Das Verhalten des neuen Papstes Martin V. gegenüber dem Konzil war in der Folge widersprüchlich. Einerseits bestätigte er in einer zwar wenig konkreten Form und nur punktuell die Konzilsbeschlüsse. Andererseits verbot er die Appellation an das Konzil gegen einen päpstlichen Entscheid. Aber er wies die Dekrete «Haec sancta» und «Frequens» nicht zurück. Im Gegenteil, und das ist bedeutsam. Er hielt sich korrekt an «Frequens» und berief termingerecht nach fünf Jahren ein Konzil, das aber nichts brachte; dann, wie von «Frequens» angeordnet, nach sieben Jahren, aber bereits widerwillig, wieder ein Konzil, das unter Martins Nachfolger, Eugen IV. 1431 in Basel begann, später vom Papst nach Ferrara und schließlich nach Florenz verlegt wurde. An diesem sprunghaften Konzilsgang entwickelte sich ein Dauerduell zwischen Papst und einem Teil des Konzils, was eine ersprießliche Tätigkeit desselben unmöglich machte. Da bei der Verlegung nach Italien die Mehrheit in Basel blieb, spaltete sich das Konzil. Die Basler Restsynode radikalisierte sich, erhob die Superiorität des Konzils über den Papst zum Dogma und setzte Eugen IV. ab. Hier setzt nun die Empörung der propäpstlichen Schildhalter in Dogmengeschichte und Konziliengeschichte ein: Da werde uns drastisch vor Augen geführt, wohin der verderbliche Konziliarismus führe. Der Erfolg der eisernen «Basler» hielt sich aber in Grenzen. Dafür buchte Florenz ein feierlich verkündetes Resultat, die Einigung mit den «Griechen», die Wiedervereinigung mit der Ostkirche, die freilich auf dem Papier blieb. Es kam aber trotz dieser widerlichen Wirren zwischen zerstrittenem Konzil und Papst weder zu einem neuen gravierenden Papstschisma noch zu einer lange weiter wirkenden Konzilsspaltung.

Die päpstliche Politik, die sich von neuem auf eine absolutistische Amtsführung zurückzog und sich in ein selbstherrliches und selbstgefälliges Renaissancepapsttum im Kirchenstaat einmauerte, trug in diesem Ringen mit dem Konzil den Sieg davon. Der Preis war allerdings hoch. Dass es so weit kam, lag auch am Verhalten der «Konzilianer». *Stell dir vor, es ist Konzil, und keiner geht hin,* so etwa könnte man beim ersten Nachfolgeexperiment von Konstanz und beim Beginn der Basler Synode spotten. Möglicherweise hatte man sich zu sehr verausgabt. Der Elan war erlahmt. Aber es ist auch klar, dass die Päpste nach Konstanz allgemein ein Konzilstrauma hatten. Dadurch blieben viele Reformvorhaben, die «causa reformationis», auf der Strecke. Denn ohne Einbindung des Konzils war eine Reform, die diesen Namen verdient, nicht möglich. Die reale Macht in der Kirche lag weitgehend beim Papst. So geht es auch hauptverantwortlich auf die römische Kappe, die Reform verhindert und sich dafür später die Reformation eingehandelt zu haben.

Noch nach dem Beginn des Auftritts Luthers ab 1517 hatte der Ruf nach einem Konzil ein gutes Echo. Das Winken mit dem Konzil und der Wunsch nach einem Konzil waren populär. Davon erhoffte man sich auf beiden Parteiseiten, der lutherischen wie der päpstlichen, eine Beilegung der Streitigkeiten und die Verhinderung oder Behebung der sich abzeichnenden konfessionellen Entzweiung. Rom verpflichtete sich, «der Not gehorchend, nicht dem eigenen Trieb», zu einem Konzil, das in Trient zwischen 1545 und 1563 stattfand. Trient wurde zwar kein Einigungskonzil, aber wenigstens ein Rumpf-Reformkonzil. In Trient aber brach gegen Ende der Synode der Konflikt zwischen dem päpstlichen Machtanspruch und den Forderungen eines Teils der Konzilsväter nach Aufwertung und mehr Mitbestimmung der Bischöfe wieder explosionsartig auf. Um das Konzil als ganzes und seine Ernte zu retten, verzichtete man auf einen strukturellen Ausgleich zwischen kirchlicher Zentrale und Ortskirchen. Man beschränkte sich auf die Ergebnisse dogmatischer Festlegung und Abgrenzung gegen die Lutheraner, die sich ihrerseits gegen ein päpstlich dominiertes Konzil verwahrten. Die Protestanten knüpften an eine mögliche Teilnahme an einem Generalkonzil Bedingungen, die da hießen: Keine päpstlichen Direktiven und Vorgaben sowie Gespräche und Verhandlungen einzig auf der Basis der Heiligen Schrift.

Fassen wir zusammen. Das Konzil von Konstanz lieferte brauchbare Entwürfe für eine ansatzweise konzipierte «Gewaltentrennung». Das Konstanzer Konzil bezieht seinen historischen Wert nicht von der dogmatischen Qualifikation seiner Beschlüsse. Es steht und fällt auch nicht mit der Akzeptanz oder Ablehnung durch Martin V. In der Folge wurde zweifellos eine große Chance vertan. Hätte «Konstanz» Erfolg gehabt, wäre das 16. Jahrhundert mit einiger Wahrscheinlichkeit anders verlaufen. Die Reformation hätte wohl eine andere Wendung genommen. Doch lassen wir dies. Das bleibt letztlich Spekulation.

Aber es gibt durchaus eine Wirkungsgeschichte von «Konstanz» zu verzeichnen. Die dezentralisierenden, freilich nicht über jeden Zweifel erhabenen staats- und nationalkirchlichen Tendenzen in der katholischen Christenheit der Neuzeit, speziell des 17. und 18. Jahrhunderts – in Frankreich unter dem Namen «Gallikanismus», in Deutschland unter dem Namen «Josephinismus» und «Febronianismus» bekannt – beriefen sich direkt oder indirekt auf «Haec sancta». Dieses Dokument wurde auch zu einer Art «Magna Charta» der Alt- und Christkatholiken, welche die Papstartikel von 1870 verwarfen. Umgekehrt wollte man auf päpstlicher Seite mit den Papstdogmen des Ersten Vatikanischen Konzils den letzten Rest von «Gallikanismus» an der Wurzel ausrotten. Es ist bezeichnend und berührt auch speziell, dass der letzte Generalvikar des untergehenden Bistums Konstanz, Ignaz Heinrich von Wessenberg (1774–1860), den «Geist von Konstanz» in sich trug und weitergab, mit beachtlichem Einfluss auch auf die deutsche Schweiz. Wegen seiner kirchenpolitischen Auffassungen und liturgisch-pastoralen Reformtätigkeit verhinderte Rom, dass er Bischof von Konstanz wurde. Fazit: Das Bistum Konstanz ging nicht zuletzt deswegen unter, weil Papst Pius VII. mit der Entfernung Wessenbergs auch das ekklesiologische Erbe des Konzils von Konstanz ausrotten wollte.

Nach der einseitig päpstlich akzentuierten Ekklesiologie des überstürzt abgebrochenen Ersten Vatikanischen Konzils von 1869/70 machte es sich das Zweite Vatikanum von 1962–1965 zum Anliegen, das Kirchenbild zu ergänzen. Mit der Lehre von der «Kollegialität» des Bischofsamtes und dem Selbstverständnis der Kirche als «Volk Gottes» lebte auch verschüttetes Gedankengut des Konzils von Konstanz wieder auf. Der römische Zentralismus wurde aber effektiv nicht zurechtgestutzt. Im Gegenteil. Der «Geist des Konzils» wurde kirchenrechtlich nicht umgesetzt.

Jan Hus in der Falle

Wir können zum Schluss nicht absehen, auch vom größten Schatten zu berichten, der sich auf das Konzil von Konstanz legte. Der Rauch des Scheiterhaufens, auf dem Jan Hus qualvoll starb, verdunkelte die Konzilsstadt. Das Blut, das an den Händen der Konzilsväter klebt, wäscht niemand weg. Jan Hus war ein begabter und beliebter tschechischer Volks- und Bußprediger, der die Reform des Klerus zu seinem Hauptanliegen machte. Er war auch Rektor an der Universität Prag, geriet aber in Konflikt mit den deutschen Magistern. Hus pflegte eine individuelle, biblisch motivierte Christusfrömmigkeit. Die wahre universale Kirche bestand für ihn nur aus der Gemeinschaft der Prädestinierten, also der zum Heil Vorherbestimmten, deren Haupt allein Christus ist. Der Papst als dessen Vikar darf lediglich der «treue Diener» sein. Das war schon häresieverdächtig. Aber es ging der Prager Reformbewegung, die in Hus ihren charismatischen Sprecher hatte – daher später «Hussiten» genannt –, vor allem um die Durchsetzung von Anspruchslosigkeit und integrer Lebensführung des Klerus, der nur unter dieser Voraussetzung wirksam seines Amtes walten könne und dem ihm von Christus gestellten Auftrag nachzukommen vermöge. Mit solchen, freilich utopischen und theologisch auch fragwürdigen Forderungen traf man immer einen empfindlichen Nerv der «real existierenden» Kirche.

Als Jan Hus als Angeklagter nach Konstanz kam, hatte er bereits eine Reihe von Verurteilungen hinter sich. Gravierend war, dass König Sigismund ihm freies Geleit, also quasi Immunität zugesichert hatte, ihn darauf aber fallen ließ. Landschaftliche und persönliche Animositäten erschwerten die Lage Hus' mindestens so sehr wie die vorgeschobene Sorge um den rechten Glauben. Diese «Lösung» der «causa fidei» (Glaubenssache), an Hus exemplifiziert, ist kein Ruhmesblatt für Konstanz. Zur Entlastung des Konzils sei gesagt, dass einige Teilnehmer von Rang und Gewicht sich redlich um die Rettung des Lebens von Jan Hus bemühten und diesem gut zuredeten, sich auf eine Kompromissformel einzulassen. Das wies Hus zurück, auch um seine Bewegung in Böhmen nicht zu schwächen oder gar zu diskreditieren. Unnachgiebig, standhaft und gottergeben starb er am 6. Juli 1415 in den Flammen. Nach seinem Tod erhob die böhmische Bewegung Hus zu ihrem Märtyrer und heroischen Volkshelden. Luther zog hundert Jahre später seine Konsequenz. Auf der Leipziger Disputation von 1519 erklärte er im Streitgespräch mit Johannes Eck, nicht nur Päpste, auch Konzilien, wie Konstanz mit der Verurteilung von Hus, könnten irren.

Mit der Anhängerschaft von Hus war auch das Postulat des «Laienkelches» verbunden. Gemeint ist damit die Forderung nach der Kelchkommunion auch für Laien. Das Konzil von Konstanz lehnte diese ab. Das Konzil von Basel gestattete den Laienkelch für Böhmen, um den Hussiten entgegenzukommen. In der Reformationszeit wurde der Ruf nach dem Laienkelch zur Kampfparole. Der Laienkelch galt als Symbol wider die Hintansetzung der Laien in der Messe. Die Gewährung der Kelchkommunion war für die Reformatoren die logische Konsequenz aus dem Allgemeinen Priestertum, begründet durch die Taufe. Dazu kam die Aufforderung Jesu im Abendmahlsbericht. Das Konzil von Trient verwies das Dossier Laienkelch an den Papst. Pius IV. gewährte in seiner insgesamt entgegenkommenden Art lokale Erlaubnisse, die dann allerdings an Attraktivität bald einmal einbüßten, so dass der Laienkelch wieder eintrocknete. Mit dem Zweiten Vatikanischen Konzil kam die Erlaubnis zur Austeilung des Kelches beinahe geräuschlos. So, als ob man sich nie darum gestritten hätte, fand der Laienkelch endlich seinen Platz in der Eucharistiefeier.

3

Kappel 1531 – Eine kurze Schlacht schreibt lange Konfessionsgeschichte

Das Geschehen ist das eine, die Geschichte, die daraus gemacht wird, das andere. Was sich ereignet, hat den Charakter des Zufälligen, des nicht Berechenbaren, des Unvorhergesehenen. Im Nachhinein wird daraus eine Geschichte konstruiert. Dem Geschehenen wird ein innerer Zusammenhang unterstellt: Es wird als Produkt einer Wirkung und gleichzeitig auch wieder als Ursache für Späteres verstanden.

Die Geschichtsschreibung soll ferner nach dem immer zitierten und bemühten Grundsatz des Altmeisters Leopold von Ranke schildern, «wie es eigentlich gewesen ist», und nicht nach einem vorgefassten politischen oder weltanschaulichen Anliegen und Ideal die Vergangenheit darstellen. Das ist leichter gesagt als getan. Denn jedes auch so genannte objektive Urteil entsteht aus einem Vor-Urteil. Es interpretiert. Schon eine simple Feststellung ordnet das konkrete Ereignis ein in Raum und Zeit, gibt ihm einen Rahmen. Bereits die unmittelbaren Zeitzeugen erleben dasselbe Ereignis so und anders. Was zu Protokoll gegeben wird, trägt den Stempel der individuellen Wahrnehmung. Es wird automatisch «verarbeitet», was nicht mit verfälschen zu verwechseln ist. (Letzteres geschieht allerdings allzu oft.) Selbst ein Dokumentarfilm nimmt das Ganze aus einem bestimmten Blickwinkel auf, fängt notgedrungen nur Teilaspekte ein, wählt dann nochmals aus und schneidet zusätzlich die Aufnahmen. Technische und künstlerische Aspekte bestimmen mit. Das Ursprüngliche und als authentisch Ausgegebene wird gekürzt und filtriert gezeigt. Die frühere Historiographie setzte es sich zum Ziel, dass Geschichtsschreibung auch ein Kunstwerk sein müsse. In modernem Vergleich ausgedrückt: Sie lieferte nicht bloß eine Fotografie, sondern schuf ein Gemälde.

Jedes geschichtliche Ereignis ist einmalig und nicht wiederholbar. Zur Illustration ein Vergleich aus der Meteorologie. Der an irgendeinem Tag und Ort zu einer bestimmten Sekunde in einer Fotografie festgehaltene bewölkte Himmel ist in der atmosphärischen Konstellation unseres Planeten ebenfalls singulär. Die konkreten Wolkenformationen sind mit empirischer Sicherheit auch im Zeitraum von Abermillionen Jahren absolut erstmalig und unkopierbar.

Lokaltermin in Kappel

Versetzen wir uns in die Rolle eines Reporters, der als Kriegsberichterstatter die Schlacht bei Kappel am 11. Oktober 1531 schildert. Wie das Wetter war, wissen wir nicht. Nehmen wir einmal an, es herrschte eine herbstliche Hochdrucklage. Über der Gegend des Vierwaldstättersees und am Zuger- und Zürichsee, woher die feindlichen Heere aufmarschierten, lag möglicherweise Nebel. Luzern, Zug und Zürich liegen fast gleich hoch, über 400 Meter, Kappel gute 100 Meter höher. Vielleicht reichte das, um nebelfrei zu sein. Gehen wir von einem leicht dunstigen, aber insgesamt sonnigen und warmen Tag aus. Der Wald war mit Sicherheit herbstlich gefärbt. Wir müssen in Rechnung stellen, dass in der ersten Hälfte des 16. Jahrhunderts noch überall der Julianische Kalender galt. Am 11. Oktober haben wir vom Sonnenstand des 21. Oktobers unserer Zeitrechnung auszugehen und somit eine Dekade vorwärts zu rechnen. Zusätzlich hat man vom insgesamt kälteren Klima des 16. Jahrhunderts im Vergleich zum gegenwärtigen auszugehen. Für die Fünf Orte, vor allem die Länderkantone, welche den Krieg eröffneten, kein ungünstiger Zeitpunkt zum

Losschlagen, da die Alpen entladen waren und die Bauern mit ihren Hirten sich wieder auf ihren Höfen befanden.

Während die drei genannten Städte heute mit dem Erscheinungsbild im 16. Jahrhundert außer bedeutender Kirchen sowie einzelner alter Quartiere und Häuser wenig mehr Gemeinsames aufweisen, würden die Kämpfer von 1531 die Landschaft von Kappel auch heute leicht wiedererkennen. Das frühere Zisterzienserkloster gotischen Baustils – heute *Haus der Stille*, ein Meditations- und Besinnungszentrum der reformierten Zürcher Landeskirche – prägte damals wie jetzt die Landschaft. Und das schicksalsträchtige Buchenwäldchen von einst steht noch. Auf den Wiesen von Kappel reifte im Herbst das Obst, und weidende Rinder glotzten mit großen Augen verständnislos auf den ungewohnten Großaufmarsch der verfeindeten eidgenössischen Banner.

Es hatte 28 Monate früher, im Juni 1529, schon einmal ein ähnliches Großaufgebot in Kappel gegeben, aber ein heißer Krieg wurde dank innereidgenössischer Vermittlung vermieden. Das politische, wirtschaftliche und letztlich militärische Übergewicht der reformierten Städte Zürich und Bern, aber auch Basels und Schaffhausens, zusammen mit den zugewandten Orten Biel, St. Gallen und Mülhausen diktierte den Fünf Orten den Frieden. Er beließ ihnen zwar die Religionshoheit, so dass sie unangefochten beim alten Glauben bleiben konnten. Aber sie mussten das eben erst zwei Monate junge Defensivbündnis mit Habsburg-Österreich aufgeben und hatten überdies die Kriegskosten zu bezahlen. In den gemeinsam verwalteten Gebieten durften die einzelnen Gemeinden über die Konfessionszugehörigkeit entscheiden. Mit diesem als Erster Kappeler Landfriede in die Schweizergeschichte eingegangenen Vertragswerk konnten die Fünförtischen eher schlecht, aber einigermaßen leben, während es für Zwingli eine unbefriedigende Etappenpause darstellte.

Wie oft in der Geschichte von Krieg und Frieden barg die unterschiedliche Auslegung der Friedensartikel neuen Zündstoff. Die Fünf Orte verstanden das Abkommen so, dass sie in ihren Territorien frei ihre Religionspolitik bestimmen können wie Zürich für sein Gebiet. Zwingli, dem sich Zürich anschloss, interpretierte den Friedensvertrag dahin, dass zwar niemand die altgläubigen Stände zum neuen Glauben zwingen könne, aber die «freie Predigt des Evangeliums» (ein Standardbegriff Zwinglis für die Forderung nach reformierter Betätigung) auch in den fünförtischen Herrschaftsgebieten zu gestatten sei, während die Zulassung der Messe in Zürich nicht zur Diskussion stand. Dieser eigenwilligen zürcherischen Auslegung folgte Bern nur zögernd, trat ihr aber auch nicht entgegen.

Einen breiten Raum nahmen die *Schmähungen* ein, die der Landfriede verbot und unter Strafe stellte. Man mag sich über diese plötzliche Sensibilität, die sich hier vertragsmäßig niederschlug, im Zeitalter des Grobianismus wundern. Es ging um gegenseitige Beschimpfungen, die nicht zuletzt von der Kanzel herab die gewaltbereite Stimmung anheizten. Priester und Predikanten blieben sich nichts schuldig. Und es gab Verbalattacken, die unter die Gürtellinie gingen, so die Bezichtigung der Sodomie, mit der man mit Vorliebe die Länderorte beleidigte.

Zwingli wollte eine gesamteidgenössische Entscheidung. Er war ein frühschweizerischer Politiker. Und er setzte auf einen Waffengang, welcher der Reformation überall zum Durchbruch verhelfen sollte. Dem Einwand, wie er dies mit seiner prononcierten Geisttheologie in Einklang bringen könne, und ob er denn glaube, damit den Heiligen Geist herbeizuzwingen, begegnete er, die Gnade könne man nicht nötigen, aber deren menschlich bornierte Hindernisse gewaltsam zu beseitigen, sei Pflicht. Doch nur Zürich war zu einem Angriffskrieg bereit. Bern stellte sich gegen eine militärische Lösung. Im Mai 1531 schwenkten beide auf eine Kompromisslösung ein und einigten sich, trotz Warnungen Basels, auf eine Lebensmittelblockade gegen die Fünf Orte. Die Proviantsperre war nicht nach Zwinglis Geschmack, aber Zürich versuchte mit großem Eifer, alle möglichen Lücken im Wirtschaftskrieg zu stopfen. Diese Maßnahme sollte sich in der Folge für die reformierte Führung verhängnisvoll erweisen. Sie trieb ihrerseits die Fünf Orte zum Angriff, nicht um des Glaubens, sondern um der lebenswichtigen Güter willen, «aus Not und Zwang und Hunger, die sie an ihren Frauen und Kindern sahen».

Die Eidgenossenschaft stellte zu dieser Zeit ein kompliziertes Bündnissystem dar. Einzelne Orte waren nicht direkt, sondern nur mittelbar miteinander verbunden. Aber nach außen präsentierten sie sich doch als eine gewisse Einheit, die man mit dem Sammelnamen *Schweizer* wahrnahm. Ein kleines Gebilde im europäischen Kräftefeld, aber wegen seiner käuflichen Söldner ein bedeutsamer militärischer Faktor. Dieser wiederum hatte vor allem für die Länderorte auch ein wirtschaftliches Gewicht. Ihr einträglichster Rohstoff für den Export waren die jungen Männer und Burschen. Diese kraftstrotzenden Kriegsknechte brachten Gewinne ein und regulierten den Bevölkerungsüberschuss. (Die Zürcher verhetzten die Innerschweizer Söldnerführer als «Fleischverkäufer».) Darum waren die Fünf Orte auch so allergisch auf Zwinglis Forderung, das Söldnertum, auch Pensionswesen oder Reisläuferei genannt, zu verbieten.

Eidgenossen – allein gegeneinander

Auf dem Höhepunkt der konfessionellen Entzweiung suchten die sich entfremdenden eidgenössischen Stände nach natürlichen Bundesgenossen im «Ausland». Aber da stellten sich Hindernisse in den Weg. Einem «übernationalen» Bündnis aller protestantischen Kräfte stand die theologische Uneinigkeit im Weg. Ein Treffen zwischen Luther und Zwingli im Herbst 1529 in Marburg verlief zwar gequält diplomatisch freundlich, aber im Kern, in der Abendmahlsfrage, kam man sich keinen Schritt näher. Den «Realisten» Luther und den «Symboliker» Zwingli trennten in der Interpretation um die Art und Weise der Gegenwart Christi in Brot und Wein zwar nicht Welten, aber doch deren geistiger Ansatz. Andererseits waren auch Papst und Kaiser nicht erpicht, ihre Haut in innereidgenössischen Händeln zu Markte zu tragen, obwohl es gewiss ebenfalls um ihre Sache ging. Allerdings versuchte Papst Clemens VII., Karl V. den Ball zuzuspielen. Ohne Erfolg, denn dem Kaiser machte die Fürstenopposition und die Bildung des lutherischen Schmalkaldischen Bundes genug zu schaffen. Da konnte er nicht noch einen neuen Konfliktherd brauchen. Auch der französische König Franz I. hielt sich heraus, weil er es weder mit den reformierten Städten noch viel weniger mit den Menschenmaterial liefernden Fünf Orten verderben wollte. Die europäischen Mächte standen also abseits. So wurde der folgende folgenreiche Krieg zu einem rein binneneidgenössischen Waffengang, was nicht ohne Einfluss auf die spätere schweizerische Mentalität blieb.

Wiederum fehlte es nicht an Vermittlungsbemühungen im komplexen eidgenössischen Bündniskonglomerat. In beiden feindlichen Lagern war die Kriegsbereitschaft unterschiedlich verteilt. Schwyz und Luzern waren angriffslustig, während Uri bremste. Im reformierten Block trieb Zürich und an vorderster Stelle Zwingli, dem seine Stadt auch zu bedächtig vorging, zum Krieg. Der Reformator, dessen Position in Zürich zwar mächtig, aber keineswegs allmächtig war, erklärte aus Frustration am 26. Juli 1531 vor dem Großen Rat in Zürich den Rücktritt wegen mangelnden Rückhalts, verbunden mit massiven Vorwürfen an die Regierung, die eine stadtzürcherisch interne Opposition dulde. Drei Tage später zog er sein Abschiedsgesuch zurück. – Ein bekanntes riskantes Spiel.

In diesen hektischen Tagen verfasste Zwingli eine aufs Ganze zielende, hastig hingeworfene Schrift: «Was Zürich und Bern not ze betrachten sye in dem fünförtischen handel», eine «ylende Betrachtung», wie er sie charakterisierte. Sie war radikal und aggressiv bis derb. Zürich und Bern müssten als Doppelgespann den eidgenössischen Karren aus dem Dreck ziehen. Die Regierenden der Inneren Orte hätten ihre Herrschaftsrechte verwirkt. Zwingli schrieb wiederholt von «Ausrotten», was die Absicht nahe legte, die führenden Kreise der Fünf Orte politisch vollständig zu entmachten. Und er gab sich siegessicher. Eine auswärtige Intervention sei nicht zu befürchten, denn der Kaiser habe «die Hosen voll»... Dieser Vorschlag, der im Übrigen keine Resonanz hatte, zielte auf eine umfassende Umgestaltung der Eidgenossenschaft. Ein Antrieb zur Flucht nach vorn aus einem erzwungenen Stillhalten und Abwarten, ein letzter Appell Zwinglis zu einem Präventivkrieg gegen die seiner Meinung nach völlig verstockten Feinde, diese unverbesserlichen innerörtischen «Oligarchen» (ein Ausdruck von Zwingli persönlich), welche dem dürstenden Volk das «Wort» vorenthielten. Es gab in Zürich indes Stimmen, die den religiös reformerischen Weg Zwinglis zwar begrüßten oder mindestens nicht ablehnten, aber auch einiges bemängelten. Wenn man dem Papsttum zu Recht Protzerei mit Macht und Reichtum vorwerfe, dürfe die Zürcher Kirche nicht den päpstlichen Hof kopieren, indem sie allen Posten verteile, die sich als treue Anhänger der Reformation ausgäben. Und – mit deutlicher Spitze gegen Zwingli selbst – stehe denn nicht in der Bibel, dass jene, die zum Schwert griffen, durch das Schwert umkämen (Lk 26,52)? Luther kam später spontan diese Stelle in den Sinn, als man ihm den Tod Zwinglis meldete.

Obwohl Zürich seit der Proviantsperre mit einem Angriff der Inneren Orte rechnete und rechnen musste und über einen Nachrichtendienst verfügte, der den Kriegsplan der Fünförtischen, von Zug ins Knonauer Amt direkt ins Herz des

Feindes zu stoßen, korrekt übermittelte, vermutete die Zürcher Regierung einen Hauptstoß ins Freiamt. Am 9. Oktober übernahm der schwerfällige Große Rat in Zürich das militärische Kommando. Gleichentags forderte ein luzernischer Läufer von den Zürchern die Bundesbriefe heraus, was einer faktischen Kriegserklärung gleichkam. Unterdessen wurden Truppen der Fünf Orte an der Grenze zum Freiamt verschoben, um vom geplanten Hauptschlag abzulenken. Als am frühen Morgen des 10. Oktober in Zürich bekannt wurde, dass in Baar ein innerörtisches Kontingent aufmarschierte, begriff man in der Limmatstadt endlich den Ernst der Lage. Aber man schickte die Hauptmacht in die Freien Ämter. Am Nachmittag wurden Stadt und Land alarmiert und mobilisiert. Eine beachtliche logistische Leistung, die von einzelnen Heeresteilen einen Nachtmarsch von dreißig Kilometern allein bis zur Stadt Zürich abverlangte. In der Nacht auf den 11. Oktober stockte man eine Vorhut bei Kappel auf. Im Verlauf des Nachmittags des 11. Oktober marschierten die feindlichen Heere auf Kappel zu. Die Fünf Orte führten 7000 Mann ins Feld. Die nach und nach eintreffenden Zürcher Heereseinheiten brachten es mit allen Nachzüglern schließlich bloß auf die Hälfte der innerschweizerischen Truppen. Zwingli ritt an der Spitze zusammen mit Hauptleuten. Boshafte Zungen begleiteten den Ausritt des Reformators mit der Bemerkung, das sei höchst angebracht, denn man ziehe ja der Pfaffen wegen ins Feld. Abgesehen von der zahlenmäßigen Unterlegenheit befand sich das Zürcherische Heer durch die verspätete und überhastete Mobilmachung alles andere als in einer Topform. Teilweise hatten die Krieger schwer bewaffnet insgesamt bis zu fünfzig Kilometer bis Kappel in einem Zug zurückgelegt. Es war, wie wenn man Spitzensportler unmittelbar vor einem 100-Meter-Sprint noch einen 5-Kilometer-Lauf in Vollpackung absolvieren ließe. Wohl auch um diese Schwäche zu tarnen, ergriffen die Zürcher die Initiative und empfingen vorrückende feindliche Einheiten mit

Garben aus Gewehrläufen. Die Innerschweizer wichen diesem Kugelhagel aus und verschanzten sich auf der geschützten Seite eines Buchenwäldchens, wobei ein ehemaliger Konventuale des Klosters Kappel sie durch unwegsames Gelände lotste.

Gar so groß war nach dieser unerwarteten Begrüßung die Kriegslust bei den fünförtischen Kadern nun auch nicht. Man leistete sich eine geschlagene Stunde Beratungen und beschloss um 16 Uhr, ein Lager einzurichten, da es für einen Angriff an diesem 11. Oktober zu spät sei. Ein nachvollziehbarer Entscheid. Wenn man nochmals einkalkuliert, dass der 11. Oktober damals den astronomischen Daten der Sonne vom 21. Oktober unseres Kalenders entsprach, und wenn wir weiter annehmen, dass die damaligen Kirchturmuhren, die 16 Uhr anzeigten, mit unseren jetzigen Zeitangaben mitteleuropäischer Normalzeit einigermaßen übereinstimmten, hätte man, statt lang zu ratschlagen, schon um 15 Uhr losschlagen müssen, um noch etwa zweieinhalb Stunden Tageslicht für eine ordentliche Schlacht einsetzen zu können. (Es sollte sich alsbald zeigen, dass es auch viel kürzer gehen kann.) Die Zürcher Offiziere kamen ihrerseits zur gleichen Zeit zu einem ähnlichen Entscheid. Das Banner hatte sich auf einer andern Seite des Buchenwaldes, der unbesetzt blieb, postiert. Die Hauptleute manövrierten mit ihren Truppen, von denen sich ein großer Teil, von den Strapazen des Marsches erschöpft, zur Erholung lagerte.

Und just in diesem Augenblick geschah es. Es erfolgte innert Minuten der alles umwerfende Schlag, im Alleingang improvisiert von einem subalternen fünförtischen Führer, dem Urner Hans Jauch. Ein kleiner Wald trennte die feindlichen Krieger. Jauch hielt das untätige Warten nicht aus. Er suchte auf eigene Verantwortung die Entscheidung mit einer «Elite» nach alteidgenössischem Kriegsmuster, die in den vergangenen ruhmreichen Schlachten sich hervorgetan hatte. Mit mutwilligen, verwegenen und draufgängerischen Einzelkämpfern griff Jauch die Zürcher an. Der Rückgriff auf dieses bewährte Haudegenwesen zahlte sich einmal mehr aus. Der Überraschungseffekt entschied alles. Es gab zwar in der vorderen Reihe heftige zürcherische Gegenwehr, in der Zwingli den Tod fand. Aber den übermüdeten, schlecht vorbereiteten und ungeordneten Zürcher Hauptharst befiel Panik, und das Ganze artete in eine führungslose Flucht aus. Während auf zürcherischer Seite über 500 fielen, hielten sich die Verluste der Innerschweizer, welche die Verfolgung der überstürzt Fliehenden bald einstellten, deutlich unter hundert Mann. Wie lange dieses Scharmützel dauerte, darüber gibt es unterschiedliche Schätzungen. Militärhistorische Studien gehen davon aus, dass das ausschlaggebende Ereignis, der Überraschungscoup, das partiell geführte Gefecht und die Massenflucht sich in einer Viertelstunde abspielten.

Für Zürich war Kappel eine empfindliche Schlappe, aber noch keine definitive Niederlage. Die unmittelbar darauf erfolgte Vereinigung mit Bern, Basel, Schaffhausen und Mülhausen führte ein stattliches Heer von 20 000 Mann auf, über das der reformierte Block der «Burgrechtsstädte» nun verfügte. Die Revanche lag in der Luft. Aber die zweite Runde am Gubel oberhalb Zug, knappe zwei Wochen später, glich der Katastrophe von Kappel verblüffend. Das bereits deutlich demoralisierte Zürich vermochte sich trotz Wunsch nach einer Wende und eindrücklicher Unterstützung seiner Verbündeten nicht mehr aus seinem Formtief aufzufangen. Der Schock war nicht überwunden.

Ein Teil der reformierten Streitkräfte zog gegen Sihlbrugg, die Reste erklommen eine Anhöhe bei Gubel. Diesmal trennte das Lorzentobel die feindlichen Truppen. Wieder stellte sich dasselbe Szenario ein. Wieder befand man für einen erfolgreichen Angriff die Stunde zu vorgerückt. Und wieder scharte sich im Lager der Inneren Orte ein unbändig und wild entschlossener Haufen um einen improvisierenden Führer, den Zuger Christian Iten, und holte zu einem geschickten Umgehungsmanöver aus. Der Vorstoß überrumpelte mitten in der Nacht vom 23. auf den 24. Oktober 1531 den chaotisch organisierten Gegner und trieb ihn in eine ähnlich überstürzte Flucht. Und das im Zeitraum einer halben Stunde. Wiederum hatten die Reformierten gegenüber den Innerschweizern ein Vielfaches an Gefallenen zu beklagen. Diesmal aber war die Niederlage eindeutig. Aus dem reformierten Heer desertierten viele. Ein Plünderungszug der Fünförtischen zwischen Wädenswil und Horgen am 7. November gab den Zürchern den Rest. Die Stadt kollabierte militärisch und politisch.

Der kurzen Geschichte langer Sinn

Trotz Gubel hat sich die militärische Entscheidung vom Herbst 1531 als Zweiter Kappelerkrieg in die Geschichtsbücher eingeschrieben. Er steht für das ganze Geschehen, das die konfessionelle Karte der Schweiz gültig festschrieb. Nun waren die Fünf Orte am Zug, den Zweiten Kappeler Landfrieden vom 16. November 1531 nach ihren Vorstellungen zu entwerfen. An der Entscheidung der einzelnen eidgenössischen Orte änderte sich nichts. Wohl aber nutzten die siegreichen Innerschweizer die augenblickliche Gunst der Stunde ihres militärischen und politischen Vorsprungs, Änderungen in den gemeinsamen Herrschaften durchzudrücken und die für sie strategisch wichtigen Regionen, das aargauische Freiamt sowie Gaster, Weesen und Sargans am östlichen Rand der Eidgenossenschaft zu rekatholisieren. Aber mehr auch nicht. Auf die Ermunterung des Papstes, den errungenen Erfolg auf dem Schlachtfeld auszunützen und die gesamte Eidgenossenschaft zum alten Glauben zurückzuführen, traten sie gar nicht ein. Sie wussten um die Grenzen der eigenen Möglichkeiten, und diese legten Mäßigung nahe. Zudem blieben die Inneren Orte nicht dem Papst zuliebe katholisch. Die Realität war eher die: Sie hielten trotz des Papstes dem überkommenen Glauben die Treue. Das geistliche und politische Erbe von Bruder Klaus (1417–1487), den Zwingli übrigens sehr schätzte, wirkte nach. Wenn wir auf dem falschen Weg wären, hätte uns der kluge Eidgenosse und glaubwürdige Eremit im Ranft, der durchaus kleruskritisch sein konnte, den richtigen Weg gewiesen. So und ähnlich argumentierte man in Sarnen, Stans und andernorts.

Die nunmehr gezogenen Grenzen und Abgrenzungen sowie demografischen Strukturen blieben nach Kappel II unverrückt, bis sie sich nach der Französischen Revolution und der napoleonischen Zeit im rechtlich garantierten Schutz der individuellen Glaubensfreiheit und als Folge der Mobilität, welche vor allem die industrielle Revolution mit sich brachte, nicht eigentlich verwischten, aber aufweichten. (Die damals abgesteckten Grenzen galten nicht für Graubünden und die heutige Westschweiz, wo die Reformation nach 1531 zum Teil erst begann – so in Genf – oder weiter voranschritt.)

Die konfessionelle Durchdringung im 19. Jahrhundert erfolgte zuerst in den Städten. Ausgerechnet Zürich erlebte den stärksten katholischen Zuzug. Aber gleichwohl sind die alten Grenzen durchaus noch auszumachen. Die ursprüngliche Konfessionskarte lässt sich mühelos nachzeichnen, und sie stimmt vielerorts trotz erfolgter und fortdauernder Migration immer noch. Sie fällt in den dörflichen Landschaften der früheren gemeinsam verwalteten Vogteien Aargau, Thurgau und St. Galler Rheintal am stärksten auf, wo sich katholisch und reformiert dominierte Regionen und Dörfer abwechseln. Dann gab es den schweizerischen Sonderfall, dass einzelne Gemeinden paritätisch wurden und sich die einzige Dorfkirche teilen mussten.

Der Zweite Kappelerkrieg war auch für die Erfolgreichen ein Sieg mit gemischten Gefühlen. Mehr eine gewinnbringende Abwehr als eine Abrechnung, obwohl es zunächst nach letzterer aussah. Es wäre wohl niemandem in der Innerschweiz in den Sinn gekommen, Hans Jauch und Christian Iten Denkmäler zu errichten, obwohl sie es ebenso verdient hätten wie ande-re Schlachtrösser, die auf dem Podest stehen. Da hätten wohl auch die Umstände, die zum unerwarteten Kriegsglück führ-ten, dagegen gesprochen. Vor allem im Fall Jauch wäre damit im Nachhinein das Irreguläre zum Vorbild deklariert worden. Das ist nicht ungefährlich.

Was aber beim Ablauf von Kappel II in die Augen springt, ist das Zufällige eines historischen Augenblicks mit großer Langzeitwirkung. Man ist versucht zu sagen: Eine geschicht-liche «Banalität» bringt eine äußerst energische und innovative Bewegung zum Stillstand. Der Zufall zementiert.

In Zürich war die Desorientierung nach dem Debakel groß. Die Suche nach den Verantwortlichen für das militärische Desaster ließ nicht auf sich warten. Den Tod Zwinglis ver-schmerzte man in Zürich anscheinend rasch, mit Sicherheit in den politischen Entscheidungszentren. Sein gewaltsames Ende hat ihn möglicherweise vor einem bitteren Schicksal bewahrt. Zwingli konnte das Herkunftssigel eines zugezogenen Tog-genburgers und aus Glarus und Einsiedeln importierten Leut-priesters nie ganz abstreifen. Man habe ja im alten Zürich schon früher mit Eingewanderten nicht immer Glück gehabt, so mit dem gebürtigen Glarner Rudolf Stüssi und dem Zugerländer Hans Waldmann, tönte und höhnte es in oppositionellen zür-cherischen Kreisen. Die Wut auf die kriegstreiberischen Pfaffen und die Abneigung gegen die «Schreier», welche Zürich in den Schlamassel geritten hätten, machte sich verbreitet Luft. Davon abgesehen: Heldenverehrung und Denkmalkult schossen erst gegen Ende des 19. Jahrhunderts ins Kraut. Die Gedenkstätte («Zwinglistein») in Kappel mit der Würdigung des «tapfer kämpfenden» (fortiter pugnans) Kirchenmannes und Patrioten wurde 1883 errichtet. Der Tod auf dem Schlachtfeld legte aber den Grund zum Nachruhm des Reformators, der nach wie vor heller strahlt als der seines langjährigen Nachfolgers Heinrich Bullinger, welcher das Reformationswerk überaus solid und subtil konsolidierte und ausbaute. Im allgemeinen Bewusstsein der letzten zwei Jahrhunderte hat Zwingli – gut schweizerisch gesprochen – «die Nidel abgeschöpft». Das hatte man wahrscheinlich in Zürich beim Tod Bullingers 1575 nach 44jähriger, ununterbrochener Wirksamkeit etwas anders gesehen.

Eine weitere Feststellung. Es gehört zu den Plattitüden gehobener Plaudereien, von «schnelllebiger Zeit» zu sprechen, als ob in früheren Jahrhunderten das meiste behutsam sich entwickelt und behäbig abgelaufen wäre. Was sich in den 1520er Jahren in Zürich abgespielt hat, ist an Geschwindigkeit nicht zu überbieten. Am 1. Januar 1519 begann Zwingli im Großmünster zwar mit einer liturgischen Neuerung, mit der fortlaufenden Auslegung des Matthäusevangeliums, aber erst mit der Verteidigung des Fastenbrechens im Frühjahr 1522 erregte er Aufsehen. Dem Bruch mit dem Bischof von Konstanz 1523 durch die Zürcher Stadtbehörden und der politischen Legitimierung Zwinglis für den Reformkurs waren noch keine nennenswerten Änderungen vorausgegangen. Der bald darauf einsetzende Bildersturm und die Anfänge der Täuferbewegung und ihre brutale Abstrafung waren indes nicht mehr zu übersehen und zu überhören. Die eigentliche Zäsur aber bildete die Abschaffung der Messe am Mittwoch in der Karwoche, dem 12. April 1525 – ein Entscheid, hinter dem nur eine knappe Mehrheit im Kleinen und im Großen Rat stand. Dies wurde nun wirklich in einem rasanten Tempo durchgezogen, von einem Tag auf den andern, offensichtlich vom Verlangen diktiert, gerade wegen der prekären Zustimmung irreversible Fakten zu schaffen. Und diese Änderung hat man dann so konsequent umgesetzt, dass Anfang 1529 auch auswärtiger Messebesuch verboten wurde. Sechseinhalb Jahre nach Einführung des Abendmahls (von Zwingli «Nachtmahl» genannt) stoppte aber der Zweite Kappelerkrieg die zürcherische Expansion.

Die eidgenössischen Landsknechte waren allesamt jung, und darunter gab es blutjunge Burschen, fast noch Knaben.

Aber wir können davon ausgehen, dass alle an der Schlacht vom Herbst 1531 Beteiligten mit der Messe aufgewachsen waren, die an Jahren älteren Kader ohnehin. Zwingli selbst hatte in Zürich noch jahrelang die Messe zelebriert. Freilich tut man gut daran, die volkskirchliche Praxis der damaligen Zeit nicht zu überschätzen. Aber in Kappel standen sich nicht «Katholiken» und «Protestanten» späteren Profils gegenüber, sondern Strategen und Söldner gesellschaftlicher Strömungen, die in derselben Kirchlichkeit mehr oder weniger groß geworden waren. In Zürich waren einschneidende Umwälzungen mit Eigendynamik in Fahrt gekommen, denen sich die Innerschweiz nicht anschloss; sie setzte vielmehr auf Herkunft und Tradition, ohne die Augen vor der Reformbedürftigkeit zu verschließen. Aber es erstaunt noch mehr, dass man um religiöser Werte und Wahrheiten willen zu den Waffen griff – und das so unheimlich schnell. Das lässt sich nur auf dem Hintergrund eines religiösen Aufbruchs erklären, der seit dem 15. Jahrhundert kontinuierlich an Tiefe und Breite gewonnen hatte und nun in den beiden sich anbahnenden Konfessionen im 16. Jahrhundert weiter wirkte.

Zürichs eidgenössische Religionspolitik war mit Kappel II abgestürzt und definitiv am Ende. Darüber gab es keine Zweifel mehr. Und in der Zürcher Bevölkerung war man des Abenteuers überdrüssig, mit dem in den vergangenen zwei Jahren die Stadt auf Trab gehalten worden war. Man sehnte sich nach ruhigen Tagen und wollte für das eigene Gemeinwesen Sorge tragen. Immerhin folgte auf das Fiasko kein Triumph der innerzürcherischen Opposition, obwohl diese keineswegs aus kleinen Kreisen stammte. Die einflussreiche Gesellschaft der Constaffel hatte sich gegen Zwingli gestellt. Mit der Einführung der Reformation war der städtische «Teig» neu durchmischt worden. Die religiöse Umwälzung war die Stunde von Machtverschiebungen und die Chance für zugreifende Emporkömmlinge. Das Zürich von 1531 war soziologisch nicht mehr die Stadt von 1518. Der Wandel hatte neue regierende Geschlechter in einer raschen Woge emporgespühlt. Nicht zuletzt deswegen war eine Rekatholisierung Zürichs aus den eigenen Reihen in diesen kritischen Monaten kein Thema. Und das, obwohl die Abstimmung über die Abschaffung der Messe auf des Messers Schneide gestanden hatte.

Es gab zwar nach dem missglückten militärischen Unternehmen bohrende Fragen nach offenen oder versteckten Sympathisanten mit den Fünförtischen. Zwischen den feindlichen Fronten bestanden auch freundschaftliche und verwandtschaftliche Bande. Die militärische und zivile Ehre diverser Zürcher Heerführer wurde auf eine harte Probe gestellt. War neben Versagen, das offenkundig war, auch Verrat im Spiel? Gab es gar geheime Absprachen mit Führenden der Fünf Orte? Die Untersuchungen über möglichen «Landesverrat» waren indes nicht ergiebig und verliefen im Sande. Köpfe rollten im eigentlichen Sinn des Wortes nicht.

Aber eine kleine Episode zeigt, wie nahe im nachzwinglischen Zürich der «neue» und der «alte» Glaube gelegentlich noch beieinander waren, obwohl eine Rückgängigmachung der Reformation nicht zur Diskussion stand. Ein Mann namens Peter Füssli, stadtbekannter Krieger, der unersetzliche Hauptmann der Zürcher Schützen im Zweiten Kappelerkrieg, «katholisierte» zwar, überwarf sich aber nicht mit dem Reformator und kämpfte in Kappel anscheinend an der Seite Zwinglis tapfer und treu. Im Frühjahr 1532 schwappte dann kurzfristig doch eine Gerüchtwelle hoch wegen angeblicher Rekatholisierungsversuche. Sogar die Berner spitzten die Ohren und erkundigten sich irritiert, ob man in Zürich allen Ernstes daran denke, die Messe wieder einzuführen. Eine kurze Aufregung aus geringem Anlass. Aber groß genug, um die verwirrten Gemüter vorübergehend zu erhitzen. Hauptstein des Anstoßes war, dass Peter Füssli in der Fastenzeit in Einsiedeln der Messe beigewohnt hatte.

4

Jesuitenverbot in der Schweiz – Politischer Schabernack produziert Verfassungsartikel (1848)

Feindbilder geistern durch die Kirchengeschichte. Sie sind mehr als Gespenster. Über weite Strecken irrational, verwirren sie Verstand und Gemüt, nehmen durchaus Fleisch und Blut an und ziehen ihre düstere Spur in der politischen und gesellschaftlichen Landschaft. Vielfach halten sie sich hartnäckig. Aber unversehens haben sie sich ausgetobt. Ohne klar ersichtlichen Grund fallen die Animositäten in sich zusammen wie Gewitterwolken über Nacht.

In keinem andern europäischen Land wurde die Feindschaft gegen die Jesuiten so angeheizt und auf Flamme gehalten wie in der Schweiz, genauer in den größeren reformierten, am ausgeprägtesten aber in den konfessionell gemischten Kantonen der im *Bundesvertrag* von 1815 neu gestalteten Eidgenossenschaft von zwei dutzend Klein- und Kleinstaaten. Erstmals in der Geschichte wurde hier das gesamte Bundessystem «Schweizerische Eidgenossenschaft» genannt. Nach der napoleonischen Bevormundung gab man sich schweizerischerseits im Schatten des Wiener Kongresses von 1814/15 eine neue, ausgesprochen föderalistische Struktur. Dieser vorläufig neue Bund kam erst nach langem innereidgenössischem Hickhack und drohendem Bürgerkrieg zustande, zumal die Großmächte ihrerseits mit Zwangsvermittlung oder gar Aufteilung der Schweiz gedroht hatten. Es war ein Bündnis ungleich gewichtiger Kantone, das trotz aller, vor allem konfessioneller Differenzen durch ein geschichtlich gewachsenes Zusammengehörigkeitsgefühl und das lockere Band der *Tagsatzung* zusammengehalten wurde. An dieser Bundeskonferenz stimmten die Delegierten der einzelnen Orte nach Instruktion. Die Tagsatzung war weitgehend inkompetent. Sie trat abwechslungsweise in Zürich, Bern und Luzern zusammen, die somit zu Vororten avancierten. Den Vorsitz hatte der politisch höchste Repräsentant des gastgebenden Kantons, der den Titel *Bundespräsident* führte.

Dieser Bundesvertrag, der nur aus fünfzehn Artikeln bestand und bis 1848 in Kraft war, sicherte vor allem die Souveränität der einzelnen Kantone. Diese machten im Lauf der nächsten Jahrzehnte große Entwicklungen durch und teilten sich schließlich in «regenerierte», das heißt liberale Kantone, die einen zentralen Gesamtstaat befürworteten, und konservative Stände, die auf der kantonalen Landeshoheit bestanden. Da der Bundesvertrag keine Revisionsbestimmungen vorsah, war eine einvernehmliche Veränderung der Eidgenossenschaft faktisch unmöglich. Das Klima in der Schweiz glich, nach dem Vergleich eines Historikers, ab 1830 einem zusehends überhitzten Dampfkessel, der keine Ventile hatte, so dass es schließlich im Sonderbundskrieg zur Explosion kam. Auch auf die Schweiz wäre anwendbar gewesen, was Heinrich Heine mit Blick auf den ebenfalls 1815 gegründeten «Deutschen Bund» sarkastisch von sich gab: *Der Bund, der Hund, ist nicht gesund.*

Der schweizerische Jesuitensturm

Was hatten die Jesuiten mit dem Weg vom Staatenbund zum Bundesstaat zu tun? Herzlich wenig bis nichts. Die Radikalliberalen, die auf einen schweizerischen Zentralstaat hinsteuerten, instrumentalisierten die verbreitete Abneigung gegen die Jesuiten zur Stimmungsmache für ihre Sache. So klar waren die Grenzen indes nicht gezogen. Liberal war nicht identisch mit reformiert, und katholisch bedeutete nicht einfach konservativ. Es gab in der Schweiz vor allem im ersten Drittel des 19. Jahrhunderts, aber auch bis 1870 einen starken liberalen Katholizismus, dessen Reste sich später in der Christkatholischen Kirche konzentrierten. So wurde im Jahr 1840 das protestantische Zürich konservativ, das katholische Luzern liberal regiert. Einer einheitsstaatlichen Lösung standen allgemein die kleinen Kantone reserviert gegenüber, ob katholisch oder reformiert. Diese befürchteten eine Majorisierung durch die großen Kantone.

Die Klosteraufhebung im Aargau im Januar 1841 wurde zu einem eigentlichen Fanal. Diese Maßnahmen waren nicht bloß ein Unrecht, sondern widersprachen Artikel 12 des Bundesvertrags, der ihre Existenz ausdrücklich garantierte. Auf die Aargauer Ereignisse führten die Maiwahlen 1841 in Luzern einen konservativen Umschwung herbei. Nun wurde umgekehrt in katholisch-konservativen Kreisen auf die Jesuiten als Trumpfkarte gesetzt, obwohl auch innerhalb der katholischen Bevölkerung Vorbehalte gegen die Gesellschaft Jesu existierten. Vom Großen Rat, dem Parlament des eidgenössischen Vororts Luzern, wurde in der Folge Druck gemacht, Jesuiten zu berufen, von denen es in den Kantonen Wallis, Freiburg und Schwyz Niederlassungen gab. Nun schaukelten sich die Emotionen und Aktionen in beiden Lagern auf. Gelegentlich vermittelten die Kämpfe den Eindruck, als hinge das Wohl und Wehe der Schweiz von der Anwesenheit beziehungsweise Abwesenheit der Jesuiten ab.

Die Jesuiten standen in der Polemik der Radikalen für katholische Gegenreformation und konservative Reaktion. Es galt als ausgemachte Sache, dass sich Jesuiten überall und jederzeit politisch einmischen. Diesem Treiben müsse das Handwerk gelegt werden. Am 29. Mai 1844 stellte der radikale Aargauer Großrat, der liberale Katholik und Lehrerseminardirektor Augustin Keller den Antrag, die Jesuiten sollten von Bundes wegen aus der Schweiz ausgewiesen werden. Damit war das Jesuitenthema auf die Tagesordnung gesetzt.

Wir müssen das Endziel der Radikal-Liberalen und das Mittel zum Zweck unterscheiden. *Ziel* war der Sieg des weltanschaulichen und politischen Liberalismus in der Schweiz über konservative und «ultramontane», das heißt papsttreue Ideologie. Auf die Struktur der katholischen Kirche übertragen hieß das: eine möglichst romfreie schweizerische Nationalkirche. Dazu kam die Bundesrevolution, die Umgestaltung der Eidgenossenschaft zu einem Einheitsstaat. *Mittel* war die Ausschlachtung der Jesuitenfrage. Man appellierte speziell an das historische Gedächtnis der Protestanten. Insbesondere versuchte man das vielfach bäuerliche und konservativ gesinnte reformierte Landvolk mit dem Jesuitenschreck aufzupeitschen und den radikalen Anliegen dienstbar zu machen, was auch gelang. Die Radikalen wünschten die Jesuiten geradezu herbei, um Wind in ihre Segel zu bekommen. Am Eidgenössischen Schützenfest im Sommer 1844 in Basel zündelte man bereits. Der Wechsel von den Worten zu den Waffen lag in der schwülen Luft. Im Herbst desselben Jahres lief in der Mehrzahl der Kantone eine regelrechte Hatz auf Jesuiten an. Wie Pilze schossen jesuitenfeindliche Komitees aus dem eidgenössischen Boden. Als Beispiel für die paranoide Massenhysterie mag folgendes publizistisches Erzeugnis aus jenen Jahren stehen, das Vorlagen für das antisemitische Hetzblatt «Der Stürmer» im Dritten Reich hätte liefern können:

Was sind die Jesuiten, und welche Namen, Orden und Titel führen sie? Jesuiten sind die Banditengarde des Papstes ... der Bandwurm der Niederträchtigkeit ... die Blutschänder der christlichen Liebe ... die Brüche im Rechenexempel des Lebens, die Borkenkäfer am Kernholze der Staatsgebäude ... die Nebelflecke am politischen Firmamente, die Irrlichter in den Sümpfen des Aberglaubens, der Treibmist auf den Feldern der Lüge und des Verrats, die Folterknechte des gesunden Menschenverstandes, die Maulwürfe und Blindschleichen im

Tageslicht der Zeit, der Grünspan an der St. Peters Glocke, die Besenstiele der Hexen, die Advokaten der Hölle ...

Allerdings widersetzte sich die Tagsatzung bis unmittelbar vor dem Sonderbundskrieg einem Ausweisungsbeschluss. Die Mehrheit beharrte auf der Ansicht, die Jesuitenfrage sei eine konfessionelle Angelegenheit und gehe den Bund nichts an.

Auch weitgehend irrationale Feindbilder knüpfen an Gegebenheiten an. Ignatius von Loyola war zwar ein Zeitgenosse der Reformatoren. Aber seine Gesellschaft Jesu hatte nicht den Kampf gegen die Reformation auf die Fahnen geschrieben. Es handelte sich um eine klassische innerkatholische Aufbruchbewegung. Erst sekundär kam die konfessionelle Kontroverse hinzu. Präsenz und Wirksamkeit der Jesuiten in Europa, Asien und Lateinamerika waren indes beträchtlich. In der theologischen Ausbildung und in der spirituellen Formung angehender Priester standen sie an vorderster Front. Direkt wahrgenommen wurden die Leitung von Gymnasien und die persönliche Betreuung von «Mittelschülern» durch Jesuiten. Dass diese meistens mit liberalem Gedankengut wenig am Hut hatten, ist nicht zu bestreiten. Da setzte die billige Polemik ein, mit entsprechender Breitenwirkung. Dem Orden wurde die Devise angedichtet, der Zweck heilige die Mittel. Allerdings wurde der Einfluss der Jesuiten auf Politik und Gesellschaft in den katholischen Territorien oft maßlos überschätzt. Es war ja bekanntlich der Druck katholischer Mächte gewesen, der den Papst 1773 bewogen hatte, den Jesuitenorden aufzuheben. Vorübergehend, wie sich bald zeigte.

Wie ging es in der Schweiz weiter? Am 24. Oktober 1844 berief Luzern die Jesuiten. Ein unkluger politischer Entscheid. Die Antwort darauf waren die beiden Freischarenzüge auf die konservative Hochburg Luzern. Der Putschversuch misslang. Aber weil die radikal-liberalen Kantone sich zu diesen paramilitärischen Formationen ambivalent verhielten, sahen sich die katholisch-konservativen Stände nicht zu Unrecht bedroht. Die heimtückische Ermordung des konservativen Luzerner Politikers Josef Leu von Ebersol am 20. Juli 1845 verschärfte die ohnehin schon maßlose Erregung und gab den Anlass zur Bildung der «Katholischen Schutzvereinigung», des sogenannten Sonderbunds. Nun trieben die Dinge unaufhaltsam dem Bürgerkrieg entgegen. Hatten bis zu diesem Zeitpunkt die Katholisch-Konservativen in der Aargauer Klosterfrage und in der Jesuitenberufung das Bundesrecht hinter sich – was von den gemäßigt Liberalen eingestanden wurde –, stellten sie sich mit dem Sonderbund selbst außerhalb des Bundesvertrags. Dem ist freilich entgegenzuhalten, dass sich die Tagsatzung mit der Wiederherstellung der Frauenklöster zufrieden gab, was das Vertrauen der Katholisch-Konservativen in diese Institution auch nicht stärkte. Und wer sollte denn sonst ihnen zum Recht verhelfen? Ein Vermittlungsvorschlag in letzter Stunde, die Aargauer Klöster – also auch die Männerklöster – sollten wiederhergestellt werden, dafür möge Luzern auf die Jesuiten verzichten, wurde nicht mehr gehört. Die Tagsatzung beschloss im Sommer 1847 die bewaffnete Auflösung des Sonderbunds. An Luzern erging die «Aufforderung», an die übrigen Jesuitenkantone die «Einladung», die Jesuiten auszuweisen.

Politische Umtriebe konnten den Jesuiten in der Schweiz im frühen 19. Jahrhundert nicht nachgewiesen werden. Das gaben viele Jesuitengegner offen zu. Die Jesuiten verhielten sich allgemein zurückhaltend. Sicher gilt das für Luzern. Der Berufung dorthin leisteten sie ohne Begeisterung und nur zögernd und widerstrebend Folge, weil sie glaubten, sich dem Auftrag nicht entziehen zu können, zumal Papst Pius IX., erst frisch im Amt, ungeachtet ausländischer diplomatischer Demarchen, sich nicht einmischen wollte und eine allfällige Tätigkeit der Jesuiten in Luzern allein der Entscheidung der Luzerner Regierung überließ.

Die Jesuitenhetze wurde von den Radikalen beider Konfessionen geschürt. Und die fanatischsten Jesuitenhasser waren unter Katholiken zu finden. Die Haltung der liberal-konservativen Protestanten und der reformierten Geistlichkeit war überwiegend diese: Die Jesuiten sind unsere Freunde nicht, aber es widerspricht rechtsstaatlichen Grundsätzen und der Toleranz, dass man sie gewaltsam diskriminiert. Jeremias Gotthelf, mit eigentlichem Namen Albert Bitzius, von seinen Feinden, an denen es nicht fehlte, «Bitzi» gerufen, hegte gegen radikale Aktionen eine nicht minder radikale Abneigung. Die militanten freischärlerischen Umtriebe glossierte er als «aarauerlen». Gottfried Keller, der selbst an einem Freischarenzug teilnahm, stand diametral gegen seinen älteren Schriftstellerkollegen, wobei der freigeistige Zürcher das literarische Potential des Berner Pfarrers durchaus anerkannte. Als wohlbestallter Staatsschreiber wurde Gottfried Keller besonnener und wehrte sich gegen eine ausufernde direkte Demokratie. Im Alter trug er sich einmal mit dem Gedanken, katholisch zu werden, und er befasste sich literarisch mit Heiligenlegenden.

So meldeten sich besonnene liberale und reformierte Stimmen zu Wort, die sich für eine faire Konfrontation mit den Jesuiten einsetzten, selbst dann, wenn sich diese als Störenfriede im schweizerischen Staatswesen gebärden sollten. Klar drückte dies Zürichs Bürgermeister Johann Konrad von Muralt anlässlich der Debatte im Zürcher Parlament über den aargauischen Vorstoß aus. Er erklärte, die angebliche Gefährlichkeit der Jesuiten für den inneren Frieden der Eidgenossenschaft sei kein stichhaltiger Grund für die Ausweisung des Ordens. Unruhestiftung sei typisch für die Religion und die Konfessionen. Die Reformation habe die Ruhe in der Schweiz auch gefährdet und gefährde sie nach wie vor.

Überhaupt empfanden die gemäßigt Freisinnigen die Jesuitenhatz für Liberale beschämend. Wiederholt vernahm man von dieser Seite die Forderung, man müsse den Jesuiten mit den Waffen des Geistes begegnen. Ein liberaler Staat könne auch Jesuiten verkraften. Unantastbarkeit der religiösen Überzeugung und Freiheit der Meinungsäußerung gehörten zum geheiligten Programm des Freisinns.

Warum dann doch ein Jesuitenverbot?

Politische Vorgänge und Diskussionen unterliegen immer wieder dem Gesetz der Unberechenbarkeit. Rationale Argumente und spontane irrationale Einwände spielen in Verhandlungen hinein. Was aus gelegentlich unbekümmertem oder gar frivolem Gefecht und Schlagabtausch herauskommt, ist oft ein fauler Kompromiss, mit dem beide Seiten ihr Gesicht wahren können.

Nach der katholisch-konservativen Niederlage im Sonderbundskrieg im November 1847 erarbeitete die Bundesrevisionskommission eine Bundesverfassung. Die Sieger gaben sich insgesamt maßvoll und versöhnlich. Der Bestand der Kantone wurde nicht angetastet. Man entwarf nach dem Vorbild der USA ein Zweikammersystem. Im Ständerat erhielt die Tagsatzung eine Art Nachfolgeinstrument; er war mit dem Nationalrat gleichberechtigt. Das Verfassungsgremium sperrte sich gegen einen Jesuitenparagraphen, der nach dem, was vorausgegangen war, in der Luft lag. Der spätere Bundesrat Josef Munzinger wollte überhaupt keinen Religionsartikel irgend welcher Art. Der liberale Katholik Munzinger meinte auch, man würde den Jesuiten zu viel Ehre erweisen, wenn ihr Name in die Bundesverfassung aufgenommen würde.

Der Siegerseite, die zum Abbruch des Gefechts aufrief, fiel das umso leichter, als es beim Ausbau der Bundesverfassung gar keine Jesuiten mehr in der Schweiz gab. In den ehemaligen Sonderbundskantonen, die von Tagsatzungstruppen vorübergehend besetzt waren, wurden von kurzlebigen und aufoktroyierten liberalen Minderheitsregierungen die Jesuiten vor die Tür gesetzt. Der Winterthurer Jonas Furrer, der spätere erste Bundespräsident des neuen Bundesstaates, wollte indes ein für allemal das Jesuitenproblem vom Tisch haben. Es widersprach aber jeder Realität, wenn er nach Kriegsschluss und Auflösung des Sonderbunds erklärte, dass der Sonderbund *nichts weniger als die Herrschaft der Jesuiten und ihrer Günstlinge zu befestigen* beabsichtigt habe. Dementsprechend hätten die vier Jesuitenkantone den *unglückseligen, überallhin Unheil verbreitenden Orden* ausgewiesen, und die sieben *ehemals verirrten Kantone* seien nun eines Besseren belehrt. Und die Tagsatzung doppelte noch nach und bekräftigte am 31. Januar 1848 ein Zulassungsverbot für Jesuiten *für alle Zukunft*. Die Neue Zürcher Zeitung meinte triumphierend, der Schweizerboden sei *rein von Jesuiten*, eine Redeweise, die sich wie ein Vorgeschmack auf den Nazijargon ausnimmt und uns nach den *ethnischen Säuberungen* des Jugoslawienkrieges im Hals stecken bleibt. Nun, wir wollen den Vergleich nicht überstrapazieren. Die Jesuiten in der Schweiz bildeten eine kleine Gruppe, und umgebracht wurde keiner.

Der radikalen Presse ging das alles noch nicht weit genug. Auch die übrig gebliebenen Klöster, *diese gottverfluchten Faulnester*, müssten ausgehoben werden. In der Bundesrevisionskommission prallten die harten und gemäßigten Meinungen aufeinander. Munzinger stellte sich gegen jede Bestimmung konfessioneller Natur. Man schaffe nur Unfrieden, wenn man den konfessionellen Frieden befehlen wolle. Das Ergebnis nach ausgiebiger Diskussion war schließlich, dass in den Bundesverfassungsentwurf vom Februar 1848 kein Jesuitenartikel hineinkam. Auf eine Klostergarantie, aber auch auf ein Klosterverbot wurde verzichtet. Die beiden vorgesehenen Bestimmungen über die Religions- und Kultusfreiheit und die Garantie des konfessionellen Friedens richteten sich an beide Kirchen.

Nun aber hing alles von den Vernehmlassungen und Instruktionen der Kantone ab. Der Ball lag bei Bern und Zürich. Bern gab sich wider Erwarten gemäßigt. Zürich wärmte das Jesuitenthema wieder auf. Der Verfassungsentwurf sah einen Artikel 52 gegen «unerwünschte Ausländer» und einen Artikel 53 gegen «gemeingefährliche Seuchen» vor. Zürich instruierte seine Gesandtschaft, dass man gegen diese Bestimmungen sei. Sollte die Tagsatzung dabei bleiben, verlange man ein formelles Jesuitenverbot. Jonas Furrer warf vergeblich bissig-ironisch ein, Artikel 53 gegen «gemeingefährliche Seuchen» genüge auch gegen die Jesuiten. Somit begab sich die Zürcher Delegation mit der bedingten Forderung eines Jesuitenverbots an die Tagsatzung. Diese beschloss, Artikel 52 und 53 beizubehalten. Hierauf stellte Zürich den Antrag, das Jesuitenverbot in die Verfassung aufzunehmen. Noch einmal entbrannte die Diskussion. Die liberalen Gesandten von Uri, Schwyz, Ob- und Nidwalden sprachen sich mit Rücksicht auf die Befindlichkeiten der Bevölkerung dagegen aus. Auch das radikal regierte Tessin opponierte, ferner meldeten auch Appenzell Innerrhoden und Baselstadt Widerspruch an. Mit 16 Standesstimmen wurde das Jesuitenverbot als Artikel 58 in die Bundesverfassung von 1848 aufgenommen. Das Ergebnis einer Zürcher Laune? Gewiss. Im Ergebnis aber ein nicht ganz zufälliger Zufall.

Die Volksabstimmung vom Herbst 1848 nahm die so bereinigte Verfassung schließlich an, allerdings alles andere als überwältigend. Da wurde manipuliert und frisiert. Die Stimmbeteiligung lag unter 50 Prozent. Zudem wurde die Abstimmung nicht in allen Kantonen dem Volk vorgelegt. Teilweise wurden Nichtstimmende einfach den Ja-Stimmen zugeteilt. Den Normen einer internationalen Überprüfungskommission, wie sie heutzutage bei Urnengängen in instabilen Staaten angefordert wird, hätte der schweizerische Abstimmungsvorgang von 1848 nicht standgehalten. Nur eine knappe Mehrheit der

Stände (Kantone) nahm die Verfassung an. Praktisch die gesamte katholische Schweiz lehnte sie ab. Natürlich ging es dabei um das Gesamtpaket und nicht bloß um die leidige Jesuitenfrage. Aber mit dem Jesuitenproblem war immer die katholische Kirche als ganze im Visier. Besonnene liberale Stimmen realisierten den bitteren Nachgeschmack und die damit aufgeladene Hypothek. Die Bundesverfassung von 1848 schuf einen einheitlichen Wirtschaftsraum und die Währungsunion und gewährte Personenfreizügigkeit. Das war nicht wenig. Aber sie spaltete geistig, religiös und ideologisch die Gesellschaft und hinterließ Wunden. Die Katholiken fühlten sich diskriminiert und als Bürger zweiter Klasse. Sie waren die Verlierer. Da blieb nur der Gang in die Opposition. Der neue schweizerische Bundesstaat kam mit einem gravierenden Geburtsfehler zur Welt.

Von der Verschärfung (1874) zur Streichung (1973)

Nach einer kurzfristigen Beruhigung gingen die konfessionellen Wogen wieder hoch. Papst Pius IX. verurteilte 1864 im «Syllabus» die modernen philosophischen, politischen und gesellschaftlichen Strömungen unter der Generalbezeichnung «Liberalismus». Dies auf dem Hintergrund der Aufrollung des Kirchenstaates durch die italienischen Nationalisten. Das am 18. Juli 1870 durch das Erste Vatikanische Konzil verabschiedete Dogma von der absoluten Herrschaft (Primat) und der Unfehlbarkeit des Papstes in Glaubens- und Ethikfragen rief bei den freisinnigen Katholiken eine heftige Opposition hervor. Während Jahren tobte der Kulturkampf, der in der Ausweisung des päpstlichen Nuntius im Januar 1874 den Höhepunkt erreichte. Diese Ereignisse fanden in der revidierten Bundesverfassung vom Mai 1874 ihren Niederschlag. Das Jesuitenverbot (neu Art. 51) wurde verschärft, und ein neuer

Artikel 52 verbot die Wiederherstellung alter und die Errichtung neuer Klöster.

Damit musste und konnte die katholische Kirche in der Schweiz leben, wenn auch immer im Bewusstsein, dass diese Artikel ein Unrecht waren. Es entstanden in der Folge durchaus klösterliche Einrichtungen und Kommunitäten neuerer Art von Frauen und Männern, denen man aber das Etikett «Institut» verlieh, eine Tarnbezeichnung, deren Inhalt nicht verborgen blieb. Aber es setzte sich nach Abflauen des Kulturkampfes ab 1878 stillschweigend der Grundsatz durch, dass man die konfessionellen Ausnahmeartikel juristisch gesprochen restriktiv, also in der Wirkung großzügig auslegen und handhaben müsse. Auch Jesuiten wirkten wieder in der Schweiz, nicht als Professoren oder Pfarrer, aber als Akademikerseelsorger in Zürich, Bern und Basel, als Spirituale an Priesterseminarien und nicht selten als Exerzitienmeister an Internatsmittelschulen, die ihrerseits von Benediktinern, Kapuzinern oder Weltpriestern geleitet wurden. In Schönbrunn ob Zug entstand nach dem Ersten Weltkrieg ein Exerzitienhaus der Jesuiten mit beachtlicher Ausstrahlung und unter moralischem magistralem Schirm und Schutz von Bundesrat Philipp Etter.

Während die neuen klösterlichen Einrichtungen unbehelligt blieben, entzündete sich das mit Ende des Zweiten Weltkriegs wieder gereizte konfessionelle Klima erneut mit Vorliebe an der Aktivität der Jesuiten. Der reformierte Berner Bundesrat Eduard von Steiger wimmelte 1949 im Nationalrat eine Jesuitendebatte korrekt und souverän ab. Einmal mehr blies man in Zürich zum Gefecht. Die Tätigkeit der Jesuiten expandierte. Sie boten «Weltanschauungskurse» an, unterhielten das «Apologetische Institut» und erreichten mit «Akademikergottesdiensten» und in der «Katholischen Volkshochschule» Interessierte über den abgegrenzten Hochschulbereich hinaus. Dabei gingen zukunftsweisende ökumenische Impulse von

Jesuiten in Zürich aus. Trotzdem weckten sie Mißtrauen und alarmierten Scharfmacher. Die Jesuiten wurden polizeilich überwacht und verhört. Die Zürcher «Staatssicherheit» leistete ganze Arbeit. Im September 1953 nahm sich der Zürcher Kantonsrat Zeit für eine dreitägige Jesuitendebatte. Die alten Ladenhüter wurden wieder hervorgeholt. Es gab aber auch Einlagen von Humor und Ironie. Der Schlagabtausch endete beinahe geräuschlos, zumal der Zürcher Regierung der Vorstoß eher peinlich war. Es waren einzelne Nadelstiche, welche das Problem schmerzhaft in Erinnerung riefen, so die kurzfristige Absetzung eines Jesuiten als Radioprediger. Selbst noch Mitte der 1960er Jahre musste ein Jesuitenpater aus dem Vorlesungsverzeichnis der Universität Zürich gekippt werden, weil ein Verfassungswächter dies registriert hatte.

Im Juni 1954 reichte der Obwaldner Ständerat Ludwig von Moos im Auftrag der Konservativen Partei eine Motion ein, die konfessionellen Ausnahmeartikel aus der Bundesverfassung zu streichen. Motionen mahlen langsam. Dies war aber auch im Sinn aller Beteiligten. Die Befürworter befürchteten bei raschem Abwickeln eine Niederlage. Andrerseits stellten die Ausnahmeartikel ein Fossil aus vergangener Zeit dar, und sie waren nicht kompatibel mit den Satzungen des Europarats, dem die Schweiz 1963 beitrat. Nach seinem Vorstoß erzählte Ständerat von Moos in Sarnen vor Gymnasiasten über sein heikles Sondieren bei den verschiedenen Fraktionen der Bundesversammlung. Ausgerechnet ein freisinniger Parlamentarier habe ihm unter vier Augen erklärt, dass es am besten wäre, die Bundesverfassung stillschweigend über Nacht ohne die Ausnahmeartikel neu zu drucken. Es war klug, dass in der Folge die Ausarbeitung einer Vorlage nicht dem mittlerweile in den Bundesrat gewählten Katholiken Ludwig von Moos übergeben wurde, sondern seinem bundesrätlichen Kollegen, dem reformierten Basler Sozialdemokraten Hans Peter Tschudi. Der reformierte und renommierte Zürcher Staats- und Kirchenrechtler Werner Kägi erstellte im Auftrag des Bundesrates ein umfangreiches Gutachten. Bundesrat Tschudi vertrat mit Geschick und dezidiert und nicht ohne Risiko im Parlament die Linie, dass Art. 51 und Art. 52 als ein Paket behandelt werden und ersatzlos aus der Bundesverfassung eliminiert werden müssten. Nur das sei eine saubere Lösung. (Es gab Stimmen in beiden Lagern, die sich vorläufig mit der faktisch unbestrittenen Streichung des Klosterverbots zufrieden gestellt hätten und auf sicher gehen wollten.)

Die Stunde der Wahrheit schlug am 20. Mai 1973. Die Strategie von Bundesrat und Parlament ging auf. Volk und Stände beschlossen mit klarer Mehrheit die Abschaffung des Jesuiten- und Klosterverbots. Das Ergebnis war eindeutiger als befürchtet oder erhofft. Ein letztes Mal war von radikalen freisinnigen und militanten protestantischen Gruppierungen der Geist der 1840er Jahre heraufbeschworen worden. Eindrücklich hatte sich die reformierte Pfarrerschaft für die Streichung eingesetzt. Die Landkarte des Abstimmungsergebnisses ließ allerdings nochmals die Grenzen zur Zeit des Sonderbundes aufleuchten. Die Kantone Zürich, Bern und Waadt zum Beispiel lehnten mehrheitlich die Aufhebung der Ausnahmeartikel ab. Das war ein Schönheitsfehler am klaren Abstimmungsergebnis. Mehr nicht. Und mit diesem Abstimmungssonntag war das Thema definitiv vom Tisch, wie sich alsbald zeigen sollte. Als zwanzig Jahre später, 1993, ein Jesuit Weihbischof von Zürich wurde, heulte auch in der Limmatstadt kein Hund mehr auf, weil es zu diesem Zeitpunkt keine schlafenden Hunde mehr gab, die man hätte wecken können.

5

Unfehlbarkeit des Papstes (1870) –
Produkt eines Pressewirbels?

Dogmen «sind keine vom Himmel gefallenen Wahrheiten», stand im kleinen Bestseller von Alfred Loisy «L'Évangile et l'Église» geschrieben. Er erschien 1902 in Paris und löste die akute Modernismuskrise aus. Und Loisy galt in der Folge als Haupt der «Modernisten», als der Kopf dieser aus päpstlicher Sicht verderblichen Hydra. Habe der Modernismus doch das «Dogma» des Relativismus eingeführt, an dessen Ende der Agnostizismus und der Atheismus stünden.

Loisys Diktum über Dogmen traf aber zweifellos auf die Papstartikel von 1870 ganz speziell zu. Die Dogmatisierung des Ersten Vatikanischen Konzils von 1869/70 steht in der kirchengeschichtlichen Landschaft einmalig da. Während die alten Konzilien auf aktuelle christologische Probleme eingingen oder das Konzil von Trient die durch die Reformation aufgeworfenen und in Frage gestellten Inhalte wieder bekräftigte und definierte, wurde das Erste Vatikanum nicht angekündigt und einberufen, um ein Papstdogma zu erarbeiten. Es sollte sich ganz allgemein mit der geistigen Krise der Zeitgeschichte nach der Mitte des 19. Jahrhunderts befassen und darauf eine Antwort geben. Aber es kam ganz anders als vorgesehen.

Italien im Aufruhr und der Angriff des Syllabus

Allerdings lag das Thema der päpstlichen Unfehlbarkeit in der Luft, als geistig-geistliche Option und monarchische Gegenposition zur «Volkssouveränität» der Französischen Revolution.

73

Das Verlangen nach einem unfehlbaren Papst kam von unten, von der «Basis». Es war die Stimme eines Laien. Joseph de Maistre aus Savoyen veröffentlichte 1819 sein Buch «Du Pape». Er sah in der absoluten Monarchie die Garantie eines zu erneuernden katholisch-christlichen und antirevolutionären Europas. Im Papsttum erblickte er die Quelle aller Autorität und Legitimität. Daraus – und nicht etwa aus biblischen und theologischen Argumenten – leitete er als notwendige Folgerung die Unfehlbarkeit des Papstes ab. Die Papstwelle war keineswegs nach dem Geschmack des europäischen Episkopats. Die «ultramontane» Bewegung, die den Papst und die Treue zu ihm ins Zentrum rückte, ging vom «niederen» Klerus, von Priestern aus und von Laien, mit Schwerpunkt im nachrevolutionären, restaurativen Frankreich. Die propäpstlichen Parolen zogen bei der jüngeren Generation. Priester schwärmten für den «fernen» Papst, um den «nahen» Bischof zu brüskieren, wie von bischöflicher Seite bitter vermerkt wurde. Der Ultramontanismus nährte sich auch vom Umstand, dass mit der Revolution und der Herrschaft Napoleons die Bischöfe materiell und politisch weitgehend entmachtet waren. Die «Ohnmacht» der Bischöfe stärkte die Macht des Papstes, der als Herr des Kirchenstaates ein politischer Faktor blieb, allerdings angesichts der italienischen Einigungsbewegung, des «Risorgimento» («Wiedererweckung»), zunehmend auf einem Pulverfass saß.

Da wäre ja noch die Flucht nach vorn eine Variante gewesen, wie sie der französische Intellektuelle und Journalist Hugo-Félicité-Robert de Lamennais nach der Julirevolution 1830 Gregor XVI. (1831–1846) schmackhaft zu machen versuchte. Der Papst solle sich an die Spitze der demokratischen Bewegung stellen. Das würde der Autorität seines Amtes eine neue Basis geben und der geschundenen katholischen Kirche neuen Schwung verleihen. Als Visionärin für die Völker erstünde in der römischen Kirche eine Hoffnungsträgerin und im

Papst eine attraktive Bezugsperson für die freiheitshungrigen und sinnsuchenden Menschen. Gregor XVI. winkte verständnislos und im Inneren seines Herzens entrüstet ab. Abgesehen davon, dass ihn von solchen Einflüsterungen theologische Welten trennten, vertraute er doch lieber auf den freilich unsicheren Spatz in der Hand als auf frei schwebende Tauben auf dem europäischen Dach einer ungewissen Zukunft.

Die «Römische Frage» beschäftigte ab den 1840er Jahren nicht nur Italien, sondern zunehmend die ganze katholische Kirche. Das Risorgimento mit den Führern Cavour und Garibaldi konnte auf das große Herzstück mit Rom nicht verzichten. Der Kirchenstaat musste zu Gunsten des Nationalstaates kassiert werden. Gedankenspiele, den Papst als eine Art König an der Spitze der geeinten italienischen Nation zu integrieren, hatten wohl auf beiden Seiten keine reale Chance. Dabei hatten mindestens Teile des Risorgimento anfänglich auf Pius IX. gesetzt, der 1846 zum Papst gewählt wurde. Ursprünglich Graf Giovanni Maria Mastai-Ferretti, galt er als liberal, was italienisch-patriotisch bedeutete. Zudem forderte er Verwaltungsreformen im Kirchenstaat. Mehr war da nicht. Aber man witzelte: *Im Haus der Mastai-Ferretti sind selbst die Katzen liberal,* und so hoffte das Risorgimento, in Pio Nono einen Bundesgenossen zu finden.

Pius IX. weigerte sich indessen, den Kirchenstaat auf dem Altar des Vaterlands zu opfern, und er ließ sich auch nicht propagandistisch in einen Krieg gegen Österreich zur Befreiung der Lombardei einspannen, auch wenn mailändische Geistliche in den Kirchen mit «ausgesetztem Allerheiligsten» den göttlichen Beistand gegen die Machthaber in Wien beschworen. Eine Konfrontation mit dem Haus Habsburg, das sich seit der Reformation als Schirmmacht der katholischen Kirche in Europa ausgezeichnet hatte, kam für den Papst nicht in Frage. Pius IX. verrechnete sich aber gründlich, als er im Februar 1848 öffentlich den Segen Gottes auf Italien herabflehte und

dabei meinte, eine solche Geste würde rein religiös und un-
politisch verstanden. So nahmen die Ereignisse in Italien ohne und gegen den Papst ihren Lauf. Der Papst wurde von den
Aufständischen im Quirinalpalast belagert. Verkleidet floh er
im November 1848 in den Hafen Gaeta, wo er fast anderthalb
Jahre als Asylant und Gast des Königs von Neapel weilte, dessen Herrschaft im Sog der ganz Italien aufrollenden nationalen
Bewegung auch nicht mehr lange währen sollte. In Abwesenheit des Pontifex wurde die Peterskirche am Karfreitag und am
Ostersonntag 1849 geschändet. Mit Hilfe französischer Truppen konnte Pius IX. 1850 wieder nach Rom zurückkehren.
Aber zehn Jahre später wurden die Romagna, die Marken und
Umbrien vom neuen Italien annektiert, das sich mit der pro-
visorischen Hauptstadt Florenz etablierte. Der Kirchenstaat
schrumpfte auf Rom und Umgebung und stützte sich dabei
auf französische Bajonette. Das war der große Schock für den
Papst, und er blieb ein Gefangener dieses Traumas. Nun ent-
puppte sich für ihn der Liberalismus definitiv als Fratze des
Teufels, weil im Namen dieser angeblich freiheitlichen Ideologie dem Papst und der römischen Kirche dieser gottlose Raub
und sakrilegische Frevel, ein himmelschreiendes Unrecht sondergleichen, zugefügt worden seien. Der arg gebeutelte und
tief betrübte Papst rief Mitgefühl und Solidarität bei den
Katholiken außerhalb Italiens hervor. Man reiste vielfach auf
dem eben erstellten Schienenweg nach Rom (ab 1867 beispielsweise fuhr die Bahn auch über den Brenner) und demonstrierte – ein Novum in der Geschichte – für den Papst. Hochrufe
auf Pio Nono erschallten. Ein altes Foto aus dieser Zeit zeigt
den Petersplatz übersät mit Chaisen und Kutschen. Und weiß
verschwommen sieht man auf diesem Bild die füllige Gestalt
des Pontifex.

Die päpstliche Antwort darauf war der «Syllabus» von 1864,
eine Generalabrechnung in Form von 80 Thesen mit dem
«Liberalismus» und allen seinen Ausläufern, Verästelungen und

Schattierungen. Das päpstliche Verdikt ließ aufhorchen und erzeugte mehr Zündstoff als sechs Jahre später die Beschlüsse des Vatikanum I. Der Syllabus spaltete auch die Katholiken. Er grenzte die liberalen Katholiken faktisch aus der Kirche aus. Das wirkte verheerend. Selbstverständlich gab es auch begeisterte Zustimmung. Rom habe klar und eindeutig gesprochen.

Im Kontext mit dieser römischen Kampfansage unternahm der Papst erste offiziöse Sondierungen wegen eines Konzils. Die künftige Kirchenversammlung stand von Anfang an im Schatten des Syllabus. Nach etlichem Schwanken kündigte Pius IX. anlässlich der 1800-Jahr-Feier des Martyriums der Apostel Petrus und Paulus im Juni 1867 offiziell ein Konzil an, allerdings ohne einen Termin zu nennen. Ein Jahr später berief er ein Allgemeines Konzil auf den 8. Dezember 1869 ein.

In Rom liefen die kurialen Vorbereitungen an. Nicht minder wichtig waren die Aktionen auf der inoffiziellen Schiene, die zum Teil maßlosen ultramontanen Agitationen vor allem einzelner Personen in Frankreich, England, aber auch in der Schweiz. Die «Papalatrie» (Papstkult) trieb geradezu blasphemische Blüten. In der ultramontanen französischen Zeitschrift «Univers» standen Sätze wie: *Wenn der Papst denkt, ist es Gott, der in ihm denkt.* Der Schweizer Gaspard Mermillod, der umstrittene spätere Apostolische Vikar von Genf, 1873 von der Schweizer Regierung ausgewiesen und schließlich 1883 als Bischof von Lausanne-Genf-Freiburg installiert, titulierte den Papst als *Vize-Gott der Menschheit* und schrieb von drei Inkarnationen des Sohnes Gottes: im Schoß der Jungfrau Maria, in der Eucharistie und *im Greis im Vatikan.*

Solche Exzesse wurden zwar nicht in der päpstlichen Umgebung inspiriert. Vielleicht sorgte auch die Nähe zum Papst gegen dermaßen irrwitzige Lobhudeleien. Die Papstverehrung entstand bezeichnenderweise nicht in Rom. Es gab seinerzeit im viel geschmähten Rom keinen nennenswerten Hexenwahn und in neuerer Zeit auch keinen ungesunden Papstkult. Aber Pius IX. verbat sich auch nicht solche von abgöttischer Devotion triefende Verherrlichungen. Er war Schmeicheleien durchaus zugänglich.

Dagegen nahm sich das Konzilskonzept der römischen Kurie geradezu nüchtern aus. Vom Papst war im ursprünglichen Entwurf nicht die Rede, geschweige denn von Unfehlbarkeit. Man dachte an allgemeine Themen über Glauben, Kirche und Kirchenpolitik.

Der 6. Februar 1869

Da platzte der Artikel der «Civiltà Cattolica» mitten in die Vorbereitungsphase. Dieses von Jesuiten redigierte Periodikum besaß halbamtlichen Charakter und erfreute sich der Sympathie Pius' IX. Der päpstliche Nuntius in Paris übermittelte französische Stimmungsbilder nach Rom, die unter dem Tarnnamen «Pariser Korrespondent» in der Civiltà Cattolica abgedruckt wurden. In der Ausgabe vom 6. Februar 1869 stand zu lesen, die Mehrheit der *normalen* französischen Katholiken hege die Erwartung, dass der Syllabus auf dem Konzil höchstlehramtlich festgesetzt sowie die Unfehlbarkeit des Papstes in Glaubensfragen definiert werde, und zwar ohne Diskussionen, sondern einstimmig durch Akklamation. Als Beispiel diene die Geistsendung auf die Apostel am Pfingstfest, der auch keine Debatte vorausgegangen sei.

Das war scharfe Munition und wurde von den Gegnern als eigentliche Kriegserklärung entgegengenommen: Die päpstliche Unfehlbarkeit soll ausgerechnet mit dem Syllabus verknüpft werden, dessen Sätze in den seltensten Fällen direkt mit Glaubenaussagen zu tun haben! Der Syllabus enthält auch rein historische Urteile, z.B.: Die römischen Päpste trügen keine Schuld an den Kirchenspaltungen. Einigermaßen selbstständig denkende Katholiken würden damit gezwungen, die Vernunft und den gesunden Menschenverstand angesichts eines geradezu willkürlich anmutenden Verdikts des Papstes aufzugeben. Die abstrusesten und absurdesten Dinge könnten in den Rang von definierten Glaubenswahrheiten aufsteigen, wenn dies dem römischen Pontifex gefiele. Der Wortlaut des ominösen Berichts aus Paris lege nahe, die *normalen* Katholiken seien selbstverständlich die «guten», die andern die «schlechten».

Ab diesem Datum mit seiner verhängnisvollen Post war die Polarisierung in der katholischen Kirche komplett. Die Stimmung war nun bereits vor dem Konzil unerträglich angeheizt und vergiftet. An den künftigen Konzilsvätern interessierte nur noch die Frage, ob sie Anhänger der päpstlichen Unfehlbarkeit (Infallibilisten) oder Gegner dieser Lehre (Antiinfallibilisten) seien. Diese Parteibezeichnungen bürgerten sich in der öffentlichen Auseinandersetzung ein.

Gegen eine drohende Definition päpstlicher Unfehlbarkeit profilierte sich der Münchner Altmeister der Kirchengeschichte Ignaz von Döllinger (1799–1890), in dessen Vorlesungen eine ganze Reihe deutscher Bischöfe gesessen hatte. Er führte intellektuell und wissenschaftlich die «außerparlamentarische» Opposition vor und während des Konzils an und breitete polemisch und sarkastisch die «Kriminalgeschichte» des Papsttums aus. Die mittelalterliche Machtstellung des Papstes stütze sich weitgehend auf Intrigen und Fälschungen. Unter dem Pseudonym «Janus» veröffentlichte er in der «Augsburger Allgemeinen Zeitung» im März und April 1869 eine Artikelreihe und erreichte damit ein breites Publikum.

Die deutschen Bischöfe sahen sich angesichts der Angriffe Döllingers in einem gemeinsamen Hirtenbrief anfangs September 1869 zu einer Stellungnahme herausgefordert. Das künftige Konzil werde ein freies sein, und die Bischöfe würden nicht eingeschüchtert werden. Die Mehrheit hielt es aber für angezeigt, dem Papst in einem Brief mitzuteilen, dass eine

Definition der päpstlichen Unfehlbarkeit in Kenntnis des katholischen Klimas in Deutschland denkbar inopportun wäre.

Döllinger setzte seine Attacken nach Konzilsbeginn unerbittlich fort. Als bestinformierter Berichterstatter spie er unter einem neuen Pseudonym «Quirinus» in den «Römischen Briefen vom Concil» Gift und Galle über das niedrige Niveau gängiger römischer Schultheologie und die ökonomische Abhängigkeit diverser Bischöfe vom päpstlichen Gastgeber während des Konzils. Er malte ferner eine Schreckensvision der Kirche an die Wand, wenn die Unfehlbarkeit des Papstes zum Dogma erhoben würde. Danach könnte man die Wirkmächtigkeit der Allgemeinen Konzilien ad acta legen. Dieses Kapitel Kirchengeschichte wäre dann definitiv abgeschlossen. Die Vatikanische Kirchenversammlung würde sich selbst entmannen und den Papst zu allem und jedem ermächtigen. Als bloße Akklamationsanstalt würde sich auf diese Weise die Institution Konzil selbst abschaffen. Sie würde überflüssig. Döllingers Kirchenbild war geprägt von selbstständigen und selbstbewussten Bischöfen und einem starken Nationalstaat als Gegengewicht zu einer alles bestimmenden römischen Kirchenzentrale.

Es gab auch anderes zu bemängeln. Das Konzil mit rund 700 Teilnehmern fand in einem eigens für diesen Zweck abgeschlossenen Seitenschiff der Peterskirche statt. Die Akustik war mangelhaft, was sich negativ auf die Präsenz niederschlug. Etliche Bischöfe flohen aus dem Plenum, wo man kaum jemand verstand, und vor der allgemein unerquicklichen Atmosphäre in die nahen Cafeterien und Schenken. Döllinger machte sich über die lateinische Aussprache der einzelnen Nationalitäten lustig. Solche an sich nebensächlichen Dinge verstärkten aber das Unbehagen, das zum vornherein über der Kirchenversammlung lag. Die Stimmung war aufs Äußerste gereizt. Sie war schlecht.

Niederlage und Teilerfolg der Opposition

Am Rand des Konzils war die Unfehlbarkeit also längst ein Dauerthema, ohne jedoch auf der Tagesordnung des Konzils zu stehen. Obwohl Letztere in der Kompetenz des Papstes lag, galt es als stillschweigend ausgemacht, dass der Papst nicht von sich aus die Unfehlbarkeit auf die Traktandenliste setzen sollte. Er wurde nun von befürwortender wie von gegnerischer Seite bestürmt. Nach einigem Zögern gab der Papst den Anhängern der Infallibilität nach und machte diese zu seinem Anliegen. Problematisch war, dass Pius IX. die Haltung der Konzilsväter zur Unfehlbarkeit zunehmend als ein Plebiszit für oder gegen ihn persönlich auslegte. Das heizte die Debatte noch mehr an. Statt die Überparteilichkeit zu wahren, machte der Papst die heftig umstrittene Angelegenheit zur Chefsache.

Die Fronten unter den Konzilsteilnehmern waren von Anfang an gemacht. Rund drei Viertel waren Infallibilisten und bildeten die Majorität. Die Antiinfallibilisten (Minorität) machten etwa ein Viertel aus. Für parlamentarische Verhältnisse eine klare Angelegenheit. Für ein Kirchenkonzil war das aber ein deutlicher Schönheitsfehler. Allerdings waren nicht wenige Bischöfe der Minorität vor allem aus dem deutschen Sprachraum von nicht geringem territorialem Gewicht. Und gerade in dieser heiklen Materie wäre Einstimmigkeit erwünscht gewesen. Einige sahen diese sogar als notwendig an. Der Ton der Debatten war ungemein polemisch, scharf, aber auch überraschend freimütig. Im Vergleich zur Fraktionsstärke meldeten sich statistisch gesehen mehr Vertreter der Minorität zu Wort als Anhänger der Unfehlbarkeit. Es kam in den Plenarsitzungen zu tumultartigen Szenen, Lärm und Zwischenrufen, die den Verhandlungsleiter gelegentlich überforderten.

Die beiden Parteien waren in sich wieder differenziert. Bei den Gegnern einer Definition spielten zwei Argumente die wichtigste Rolle. Viele betrachteten diese Vorlage als inopportun, befürchteten zusätzliche Spannungen zwischen Staat und Kirche und sahen die ganze Übung als nutzlos an, zumal der Schrift- und Traditionsbeweis nicht stichhaltig sei. Der bekannte englische Konvertit und spätere Kardinal John Henry Newman brachte es auf den Punkt: *Welche Häresie verlangt nach einer Entscheidung? Was haben wir getan, dass wir nicht in Ruhe gelassen werden? Bisher waren Glaubensentscheidungen ernste Notwendigkeiten, nicht fromme Ergüsse...* Andere hatten gewichtige inhaltliche Bedenken. Der Bischof von Rottenburg und Kirchenhistoriker Carl Joseph Hefele versuchte nachzuweisen, dass mindestens in einem Fall ein Papst einen dogmatischen Fehlentscheid getroffen habe.

Innerhalb der Majorität gab es umtriebige ultramontane Heißsporne, die am liebsten jede päpstliche Verlautbarung für irrtumsfrei deklariert wissen wollten, sich aber auch in der eigenen Partei nicht durchsetzen konnten. Es war eine mittlere Linie um den Brixner Bischof Vinzenz Gasser, die zusehends den theologischen Ton angab und eine gemäßigte, auch für die ablehnende Minderheit akzeptable dogmatische Formulierung anstrebte, die im Übrigen in einer umfassenden Lehre von der Kirche anzusiedeln sei. (Zu Letzterem kam es dann allerdings aus verschiedenen Gründen nicht. Erst das Zweite Vatikanische Konzil holte die unerledigte ekklesiologische Hausaufgabe nach.) Auf diese Weise zeichnete sich ein beachtlicher Erfolg der hartnäckigen Opposition ab. Das Ergebnis war eine relativ eng gefasste Umschreibung der Unfehlbarkeit. Sie betraf nur Offenbarungswahrheiten im Bereich Glauben und Ethik. Damit zog das Konzil als Ganzes eine klare Grenzlinie zum Syllabus. Dieser wurde nicht im Nachhinein dogmatisch ratifiziert, sondern fiel gewissermaßen auf dem Konzil durch, was eine in der Folge nicht zu unterschätzende Relativierung dieses bedenklichen päpstlichen Schriftstückes zur Folge hatte. Bischof Gasser als Fraktionssprecher der Infallibilisten wurde auch nicht müde zu betonen, dass es sich bei der päpstlichen

Unfehlbarkeit um einen Beistand des Heiligen Geistes handle, der den Papst vor einem Irrtum bewahre. Der Papst dürfe dabei keinen persönlichen frommen Liebhabereien nachgehen, sondern müsse theologisches «Aktenstudium» betreiben und sich beraten lassen. Letztlich sei die «Auszeichnung» der päpstlichen Unfehlbarkeit einzig ein Dienst an der Kirche, damit diese in der Wahrheit bleibe, gedacht für Notsituationen bei allfällig unüberwindlichen dogmatischen Konflikten, in denen der Bischof von Rom als oberster Schiedsrichter gefordert sein könnte.

Die Minorität ließ sich dadurch jedoch nicht beschwichtigen. Sie zog die Opposition bis zum Schluss durch. Seltsam und schwer verständlich ist indes, dass sie sich dermaßen an der Unfehlbarkeit festbiss und damit auch Konzessionen erkämpfte, den anderen mindestens so schwer gewichtigen Papstartikel über den Umfang des Primats aber beinahe übersah. Nur einzelne Redner meldeten Bedenken an, so dass sich die Mehrheit, die sich für die Mehrung der päpstlichen Macht stark machte, hier zu keinen Konzessionen genötigt sah. Das Dogma über den Primat schrieb nicht weniger als die absolute und unbeschränkte Oberhoheit des römischen Bischofs über die Universalkirche und jede Ortskirche, über alle Gläubigen vom Laien bis zum Kardinal fest.

Die Bischöfe der Minderheit ließen also in der Ablehnung der Definition der Unfehlbarkeit nicht locker. Der Großteil der Opponenten schrieb am Vorabend der feierlichen Schlussabstimmung vom 18. Juli 1870 dem Papst einen todtraurigen Brief, in dem sie ihm mitteilten, dass sie sofort heimfahren werden. So ging die feierliche Proklamation der Papstdogmen fast einstimmig über die Bühne, wenn auch unter denkwürdigen meteorologischen Begleiterscheinungen. Ein schweres Gewitter mit Blitz und Donner entlud sich über Rom und dunkelte die Peterskirche ein. Beide Seiten interpretierten die Zeichen des Himmels über der Szene der streitenden Kirche auf ihre Weise.

Die bis zum tristen Schluss durchgehaltene Ablehnungsfront zeitigte weitere Ergebnisse. Zum Ersten gab die Standfestigkeit von oben sicher den Kräften an der Basis Auftrieb, in der Ablehnung der «Julidekrete» zu verharren, was schließlich in die Trennung von Rom in der Gestalt der Alt- beziehungsweise Christkatholischen Kirche einmündete – mit Schwerpunkt in Deutschland und in der Schweiz. Zum Zweiten riet die fürchterliche Katerstimmung, die nach dem Konzil noch mehr um sich griff, den Verantwortlichen an den katholischen Schalthebeln zu einer Strategie, welche die Bedeutung der Infallibilität herunterspielte. Das war ein weiterer Erfolg, den die Minderheit einheimste. Die Schweizer Bischöfe waren nach ihrer Rückkehr von großer Sorge erfüllt, dass es zu einem massenhaften Abfall von Rom kommen könnte. Sie stellten sich die Frage: Wie sagen wir das «unseren Kindern»? Wie verabreichen wir diese bittere Pille? Dann hatten sie die erlösende Idee, den St. Galler Bischof Karl Johann Greith zu beauftragen, einen gemeinsamen Hirtenbrief abzufassen. Greith hatte sich als einziger Schweizer Bischof gegen die Unfehlbarkeit ausgesprochen, und dies mit einer akustischen Lautstärke, dass es einigen in der Peterskirche in den Ohren gellte. So beruhigten sich die Schweizer Oberhirten damit, dass der Kollege aus der Gallusstadt schon den richtigen Ton finden werde.

Damit nicht genug. Selbst von höchster päpstlicher Warte wurden die Diözesanleitungen ermuntert, die Bedeutung des neuen Dogmas eher abzuschwächen, damit es ja nicht falsch verstanden oder gar überinterpretiert werde. Mit andern Worten, man solle den Leuten auch sagen, was die Unfehlbarkeit nicht bedeutet. Diese heilsame Dämpfung des Dogmas hat auch Eingang in die Katechismen gefunden.

So bleibt die Frage am Schluss, warum man in Rom diese Übung auf Biegen und Brechen durchgezogen hatte. Hätte Pius IX. auf dem Höhepunkt der Redeschlacht am Konzil das Papstdossier von den Traktanden abgesetzt, hätten er persönlich und das Ansehen seines Amtes aufs Ganze nur gewinnen können, und der katholischen Kirche wäre einiges erspart geblieben. Denn was hat es ihr gebracht außer Ärger?

Papstdogmen – Destillat ihrer Zeit

Kaum war die Schlacht geschlagen und der unfehlbare und übermächtige Papst gekürt, kollabierte der Rest des Kirchenstaates. Das französische Schutzmilitär wurde in Erwartung des deutsch-französischen Krieges aus Rom abgezogen, und die italienischen Nationaltruppen besetzten Rom und den Quirinalpalast. Der Vatikan, der nun zur offiziellen päpstlichen Residenz wurde, blieb unbehelligt. Der Papst igelte sich daselbst als «Gefangener im Vatikan» ein, wie er sich selbstmitleidig zu bezeichnen beliebte. Unter diesem Paukenschlage zerstob auch das Konzil. Es wurde auf unbestimmte Zeit vertagt – und nicht mehr einberufen. Gleichsam noch rechtzeitig hatte der Papst als Ersatz für seine weltliche Herrschaft die Abrundung seiner kirchlichen Vorrechte «geschenkt» erhalten.

Zweifellos hätte es ohne den gewaltsamen Prozess der italienischen Einigung keinen Syllabus gegeben und auch kein Konzil mit den umstrittenen Papstartikeln. Allerdings wurde, wie schon eingangs dieses Kapitels erwähnt, die Unfehlbarkeit des Papstes seit der napoleonischen Zeit gern thematisiert. Papst Pius VII. hatte damals Kaiser Napoleon die Stirn geboten und dafür Verbannung in Kauf genommen, aber eben auch viel Sympathie, auch bei Nichtkatholiken, geerntet. Der Papst wurde mit einem Schlag verehrt und geliebt, ein völlig neues Phänomen auch innerhalb der katholischen Kirche. Eine propäpstliche Grundstimmung spülte die Woge der «Dévotion au Pape» empor, vorerst vornehmlich im nachrevolutionären Frankreich, wie der Begriff belegt. Und dann gewannen romantisch verklärte Vorstellungen an Boden: Der Papst als unbeirrbarer Steuermann in den kirchenfeindlichen und antiklerikalen Sturmfluten der Zeit, der einer im Strudel von Meinungsfreiheit und Beliebigkeitsdenken verführten und verirrten Generation die klare Richtung weist.

Die am 6. Februar 1869 losgetretene Pressefehde hat zweifellos die Diskussion um die päpstliche Unfehlbarkeit extrem fokussiert. Die Polarisierung steigerte sich ins Maßlose. Beide Seiten schaukelten sich in erbarmungslosem Duell bis zur Siedeglut hoch. Und beide Seiten schossen übers Ziel hinaus. Hüben wie drüben redete, schrieb und schrie man sich in die Überzeugung hinein, dass Wohl und Wehe der Kirche am unfehlbaren oder nicht unfehlbaren Papst hänge. Weder das Konzil noch Pius IX. waren leider fähig und willens, der aufgeladenen Diskussion das Odium zu nehmen, man stimme mit der Unfehlbarkeit auch über die Anhänglichkeit zu Pio Nono ab, obwohl der besonnene Teil der infallibilistischen Mehrheit dies durchaus vermeiden wollte.

Nie in der Konzils- und Dogmengeschichte ist es vorgekommen, dass eine Doktrin dermaßen die Emotionen berührte, weil das Subjekt des zu definierenden Dogmas der leibhaftige zeitgenössische Pio Nono war. (Nono ist nur einen Buchstaben von «nonno» = «Großvater» entfernt.) Pius IX. profitierte vom Bonus einer überlangen Amtszeit wahrhaft patriarchalischen Ausmaßes. Kein Papst vor ihm und nach ihm hat länger regiert. 1870 war er schon vierundzwanzig Jahre im Amt und mit fast allen Bischöfen schon einmal auf Tuchfühlung gewesen. Die meisten waren von ihm eingesetzt oder bestätigt. Unter ihm wurden die «Ad-Limina-Besuche» urgiert, was dank der Verkehrsmittel möglich war. So empfing er die Bischöfe regelmäßig zum Rapport. Und dann war er – auch ein Novum in der Kirchengeschichte – ein Papst «zum Anfassen». Es war nicht leicht, sich seinem suggestiven Naturell zu entziehen. Mit spontanen Gesten weckte er Sympathien. Er verstand es, seinen Charme auszuspielen, mit einem Schuss Humor obendrein. Die Kehrseite war, dass er in persönlichen Begegnungen mit sicherem Instinkt auch Distanz und Reserviertheit witterte und, darob verletzt, das auch zu spüren gab. Sein populistischer Stil heischte nach Beifall. Pius IX. dürstete nach Liebe und Anerkennung. Wenn sie ihm versagt wurden, war er beleidigt und temperamentvoll ungehalten. Darum war es für die Vertreter der Minorität so schwierig, in der feierlichen Schlussabstimmung, in der jeder Stimmberechtigte offen sein Votum abgab, dem Nachfolger Petri direkt ins Angesicht zu widerstehen und den «Vater» mit einem Nein («Non placet») zu betrüben. Sie zogen es also vor, dieser Konzilsliturgie auszuweichen und vorher abzureisen. Das Konzil war aber trotz aller neueren kritischen Anmerkungen frei in dem Sinn, dass die Redefreiheit gewahrt blieb. Und davon wurde ausgiebig Gebrauch gemacht. Frei war das Vatikanum I also, aber nicht unbefangen. Nur war dies das Problem der einzelnen Konzilsväter, wenn sie sich befangen fühlten.

Das Gewicht der Papstdogmen in Verbindung mit dem impulsiven Pio Nono lastete schwer und drückt bis heute. Kritik an der Amtsführung des «Petrusdienstes» wird meistens persönlich genommen – und zwar keineswegs vom Papst allein –, was in Anbetracht der in einer Person vereinigten Machtfülle ja auch nicht verwundert. Die Papstartikel von 1870 hatten aber eigentlich genau das angestrebt, das Amt von der Person exakt zu trennen. Dass dies nicht gelungen ist, zeigt überdeutlich, wie fragwürdig die Wirkungsgeschichte dieser überflüssigen Dogmen ist.

6

«Mit uns ist Gott» – Kriegsstimmung 1914 und Einsteins «serbisches Ultimatum»

Der Beginn des Ersten Weltkriegs am 1. August 1914 gilt als «Urkatastrophe» des 20. Jahrhunderts. Das «Abendland» geriet aus den Fugen, der ganze Kontinent entgleiste. In Europa gingen nach einem Wort des damaligen englischen Außenministers die Lichter aus. Sie begannen nach einer kurzen Zwischenaufhellung Mitte der zwanziger Jahre erst nach der zweiten, noch schrecklicheren Großkatastrophe ab 1950 wenigstens die westliche Hälfte des alten Erdteils wieder zu erhellen. Um beim Bild zu bleiben: Normalbeleuchtung stellte sich nach der Wende von 1989 ein, als die beiden Teile Europas wieder zusammenwuchsen. Der Jugoslawienkrieg der neunziger Jahre warf zwar seinen Schatten. Aber ganz friedlich war Europa bekanntlich nie, allerdings auch noch nie so erhellt wie heute dank dem Einigungswerk, das bald nach dem Zweiten Weltkrieg eingeleitet wurde.

Man wird sich immer fragen und nie begreifen können, wie dieses Europa nach der gewaltigen Industrialisierung des 19. Jahrhunderts und nach dem unglaublichen technischen Fortschritt ab 1890 den stetig steigenden Wohlstand dermaßen grobfahrlässig aufs Spiel setzen und in den Abgrund hineinschlittern konnte. Nun, nicht alle hatten an der prosperierenden Gesamtlage und dem wirtschaftlichen Wachstum um die Jahrhundertwende Anteil. Europa war überbevölkert. Der völkerwanderungsähnliche Exodus in die Vereinigten Staaten von Amerika war um 1890 vorbei. Wohin sollte man sich noch wenden? Der Bevölkerungsdruck war groß. Vor dem Ersten Weltkrieg waren 46 von 67 Millionen Deutschen nicht über dreißig Jahre alt. Das hochentwickelte Deutsche Reich hatte demnach eine Bevölkerungsstruktur, wie sie uns gegenwärtig aus außereuropäischen Krisenregionen bekannt sind. Wir haben es mit einer demographischen Explosion zu tun. Wenn im Sommer 1914 Scharen von jungen Männern sich begeistert und zu einem großen Teil freiwillig zu den Waffen meldeten, steckte in ihrem Blut nicht bloß die wahnsinnige Droge eines überhitzten Nationalismus, sondern der ausbrechende Krieg verhalf vielen zu neuen, wenn auch illusionären Perspektiven. Damit war auch indirekt die Bereitschaft zu einem Aderlass der Bevölkerung gegeben. Wenn der Export nach Übersee ins Stocken geriet, boten sich die Schlachtfelder an. Das liest sich zynisch. Dergestalt war natürlich dieser blutige Export nicht geplant, geschweige denn artikuliert. Denn alle, die einrückten, wollten überleben und siegen. Aber der Bevölkerungsdruck stieß als dumpfe Kraft hinter den Armeen nach.

Der Auslöser des Ersten Weltkriegs, die Ermordung des österreichischen Thronfolgerpaares, wäre zu allem Überfluss vermeidbar gewesen. Attentate sind meist nicht einfach eine Naturkatastrophe. Attentäter pflegen sich zwar nicht anzumelden. Aber im Sommer 1914 war es tatsächlich so. Der Besuch der Nummer zwei von Österreich-Ungarn in der bosnischen Hauptstadt Sarajewo, ausgerechnet am St.-Veits-Tag, dem 28. Juni, zeugte von wenig Fingerspitzengefühl. Das war so einfallsreich, wie wenn der deutsche Kaiser am französischen Nationalfeiertag in Straßburg eine Parade abgenommen hätte. Ferner hatten die österreichischen Verantwortlichen genügend Hinweise erhalten, und zwar vom serbischen Gesandten in Wien persönlich, dass die Luft in Bosnien bleihaltig sei. Und zu schlechterletzt veranstalteten die Terroristen ein Probeschießen, aber Erzherzog Franz Ferdinand war auch danach nicht davon abzuhalten, in offener Fahrt durch Sarajewo zu kurven.

Nach dem 28. Juni sah es noch keineswegs nach großem Krieg aus. Aber ein energisches Vorgehen gegen Serbien, welches man als mindestens indirekten moralischen Drahtzieher hinter dem Geschehen sah, galt von Anfang an als unumgängliche Maßnahme, obwohl selbst die Regierung in Wien nie klar die serbische Regierung der Mitwisser- oder gar Mittäterschaft bezichtigte. Die Todesschützen aber stammten aus Belgrad, und bald stellte sich zusätzlich eine Mitschuld serbischer Beamter und Offiziere heraus. Für eine Maßregelung Serbiens signalisierten auch England und Frankreich durchaus Verständnis. Aber dann hatte man es in Wien in gut österreichischer Manier vorerst gar nicht so eilig.

Die historische Forschung und Auswertung der hektischen Vorgänge im letzten Julidrittel wird wohl niemals zur Ruhe kommen. Die schriftlichen Quellen vermitteln nie alles, und vor allem nicht das, was sich in den Köpfen abspielte. Eines ist unbestritten. Einen Weltkrieg wollte niemand. Hingegen war in Wien und Berlin eine lokal begrenzte Strafaktion gegen Serbien die favorisierte Option. Eine Schlüsselrolle spielte der deutsche Reichskanzler Theobald von Bethmann Hollweg, der freilich nicht den Eindruck einer «Kriegsgurgel» vermittelt, sondern mit seinem vollbärtigen Philosophengesicht einen tiefernsten und höchst verantwortungsvollen Ausdruck ausstrahlt. Der Albtraum der deutschen Führung war Russland. Man war in den höchsten Militärkreisen und auch in der politischen Leitung der deutschen Reichshauptstadt überzeugt, dass ein Krieg mit dem immer mächtiger anschwellenden Zarenreich über kurz oder lang unvermeidlich sei. Wenn es schon sein muss, dann besser bald. Man entschloss sich zur Flucht nach vorn. In dieser Lage nach dem Attentat überließ Berlin Wien eine Art «Blankoscheck», in dem Sinn: Was immer ihr unternehmt, wir stehen zu euch. Es galt, die morsche Donaumonarchie moralisch zu stärken. Und dann spielte man mit hohem Einsatz. Etwas abgekürzt: Berlin ging ein kalkuliertes Risiko ein, das Wien nicht ganz mitbekam und halbwegs verdarb. In beiden Hauptstädten war ein Krieg gegen Serbien eine ausgemachte Sache. Am 23. Juli überreichte Wien Belgrad reichlich spät ein auf 48 Stunden befristetes Ultimatum, das in voller Absicht dermaßen scharf abgefasst war, dass es für Serbien unannehmbar erscheinen musste, wenn es nicht als souveräner Staat abdanken wollte. In Wien und Berlin rechnete man ganz klar mit der Ablehnung Belgrads. Dann schlüge in St. Petersburg die Stunde der Wahrheit. Griffe Russland als quasi Schutzmacht Serbiens in den Krieg ein, lüde die russische Regierung die Schuld für einen größeren Krieg auf sich. Weicht Russland aber einer Entscheidung aus – darauf hoffte Bethmann Hollweg, innenpolitisch einsam und unter Druck von Parteien und Militärs –, blüht ihm eine empfindliche diplomatische Niederlage, und Deutschland und Österreich erhielten vielleicht die einmalige Chance, den traumatischen Belagerungsring der Entente zwischen Frankreich und England im Westen und Russland im Osten zu durchbrechen. Das Drehbuch war das eine, der Ablauf das andere. Zur Verblüffung aller kam die serbische Regierung den österreichischen Forderungen sehr weit entgegen. Nun war kein Kriegsgrund mehr gegeben. So dachte und sprach auch der deutsche Kaiser Wilhelm II. Jetzt wäre eine flexible Reaktion und Regie gefragt gewesen. Aber die fehlte in Wien, weil man darauf nicht vorbereitet war, und Berlin hatte bislang seinen österreichischen Bündnispartner zu raschem Handeln gedrängt und drückte zu spät auf die Bremse. Ungeachtet der serbischen Antwort erklärte Wien Belgrad den Krieg. Nun trat die russische Kriegsmaschinerie auf den Plan. Bei den Westmächten entstand der Eindruck, die Mittelmächte suchten nur einen Vorwand, um losschlagen zu können. Der Ablauf der «Julikrise» wirkte sich nach Kriegsende entsprechend belastend für Deutschland, das nach der Auflösung Österreich-Ungarns allein übrig blieb, auf die Schuldfrage aus. Allerdings war im Unterschied zu früheren Krisen im Hochsommer 1914 die Risikobereitschaft bei den Hauptmächten generell größer und die Entschiedenheit, den Krieg zu verhindern, geringer geworden, weil man ihn längerfristig doch für unvermeidbar hielt.

Jetzt folgten innert weniger Tage, ja Stunden die gefürchteten Kettenreaktionen von Mobilmachungen, Kriegserklärungen und Bündnisverpflichtungen. Reichskanzler Bethmann Hollweg sagte selbst, dass die «Direktion verloren» gegangen und «der Stein ins Rollen geraten» sei. Dieser Koloss von Stein zermalmte während vier Jahren Menschen und Mächte.

Vorerst aber beflügelte das «Augusterlebnis», die ansteckende Hochstimmung bei Kriegsbegin, die europäischen Hauptstädte. Die Julischwüle war vorbei. Die große Spannung wich. Nach dem Gewitter die strahlende Sonne. Mit fliegenden Fahnen, von euphorischen Beifallstürmen der Menschen begleitet, zogen die Soldaten in den Krieg. Der Kaiser erklärte vom Berliner Schloss in die wogenden Massen hinunter: *Vorwärts mit Gott, der mit uns sein wird, wie er mit den Vätern war.* Das war wilhelminische Rhetorik, aber auch die Kirchen hüben und drüben ritten auf der patriotischen Welle. Michael Faulhaber, damals Bischof von Speyer, ließ sich von den vaterländischen Gefühlen der ersten Kriegswochen tragen und hatte keine Hemmung, den ausgebrochenen Konflikt von deutscher Warte aus als «das Schulbeispiel eines gerechten Krieges» zu bezeichnen. Franzosen, Deutsche und Russen versuchten, Gott auf ihre Seite zu ziehen. Der eine Herr der Christen wurde von den Protestanten, den Katholiken und den Orthodoxen für die ureigene patriotische Sache bestürmt. Nicht alle dachten so. Hinter der Feuerwerksfassade flossen auch Tränen, und es griff Bangigkeit um sich und eine unheimliche Ahnung künftigen Schreckens. Aber darum geht es jetzt nicht. Theologen und Pfarrer wurden vom Kriegsfieber erfasst und ließen sich rhetorisch von den nationalistischen Wogen treiben. Der Schweizer Theologe und Pfarrer in Safenwil Karl Barth erlitt ob der Kriegsbegeisterung deutscher Amtsbrüder einen Schock. Von daher resultierte seine heftige Abneigung gegen eine subjektive, gefühlsmäßige Gottesaneignung. Als Antipode verkündete und lehrte er Gott als den «ganz Anderen». Seine zur zweiten Natur gewordene Aversion gegen eine «natürliche Theologie» hat in diesen Augusttagen 1914 ihren erlebnisbezogenen Ursprung. In der Auseinandersetzung mit den «Deutschen Christen» zwanzig Jahre später kämpfte Barth als Professor in Bonn mit prophetischer Vehemenz gegen die Versuchung von Kollegen, die im Dritten Reich eine messianische Gotteserfahrung zu orten vermeinten. Der Kniefall dieser Verführten war für ihn etwas Schlimmeres als nur eine billige, pseudotheologische Anbiederung an den Nationalsozialismus: Er sah darin eine ausgekochte Ketzerei.

Abseits vom großen Geschehen vollzog sich im unheilschwangeren Sommer 1914 in Berlin ein kleinbürgerliches Trauerspiel. Eine dramatisch sich zuspitzende Ehekrise. Gewiss etwas Alltägliches. Das Besondere daran, das sich vom Allgemeinen unterschied, war: Der eine Ehepartner war der mittlerweile weltberühmte Physiker Albert Einstein, dem 1905, dem «Annus mirabilis» (dem wunderbaren Jahr), der erste große Wurf gelang, die «Spezielle Relativitätstheorie» mit der Formel «Energie gleich Masse mal Lichtgeschwindigkeit im Quadrat» – ein Urknall der neueren Physik. Und Albert Einstein war im Jahr 1914 Mitglied der Preußischen Akademie der Wissenschaften und Direktor des Kaiser-Wilhelm-Instituts für Physik in Berlin. Seine Frau war Serbin. Das kam so.

Der aus Ulm stammende Albert Einstein war in jungen Jahren unstet, fasste in der Schweiz allmählich Tritt und studierte mit Erfolg an der Eidgenössischen Technischen Hochschule Zürich. An der ETH lernte er die aus Serbien stammende Mileva Maric kennen. Es entstand eine klassische Studentenliebe, unzählige Male in Liedern besungen. Es muss eine leidenschaftliche Beziehung gewesen sein, wie amüsante

Liebesbriefe verraten. *Am Sonntag küss' ich Dich mündlich*, steht im Buch seiner gesammelten Briefe geschrieben. 1903 heirateten die beiden gegen den erbitterten Widerstand von Einsteins Eltern. Aus der Ehe stammten zwei Söhne, der hochbegabte, spätere Professor in den USA, Hans Albert, und der geisteskranke Eduard, der in der zürcherischen Psychiatrischen Klink Burghölzli sterben wird. Die unglückliche Ehe wird 1919 geschieden, aber schon Jahre vorher hatte sich Einstein in eine Kusine verliebt.

Warum die unerbauliche Story hier aufgenommen wird, hat den einzigen Grund darin, dass Einstein im Sommer 1914, in dem die österreichische Regierung Serbien ein Ultimatum übergibt, seiner serbischen Frau einen unannehmbaren «Brief» schreibt und darin ultimative Bedingungen auflistet, bei deren Einhaltung er vorderhand bereit wäre, auf eine förmliche Ehescheidung zu verzichten. In dieser bedingten «Kriegserklärung» verlangt der Hausherr, mit den Notwendigkeiten des Haushalts tadellos versorgt zu werden, darin eingeschlossen drei vorgesetzte Mahlzeiten am Tag. Im zweiten Teil dieser «Kriegsartikel», die nicht frei von grammatikalischen Fehlern sind, wird es schlimm:

Du verzichtest auf alle persönlichen Beziehungen zu mir, soweit deren Aufrechterhaltung aus gesellschaftlichen Gründen nicht unbedingt geboten ist... Du hast weder Zärtlichkeiten von mir zu erwarten noch mir irgendwelche Vorwürfe zu machen. Du hast an mich gerichtete Rede sofort zu sistieren, wenn ich darum ersuche... Du verpflichtest Dich, weder durch Worte noch durch Handlungen mich in den Augen meiner Kinder herabzusetzen.

Diese Erklärung war auch an der Einstein-Ausstellung in Bern 2005 zu sehen, die offenbar diese dunkle Seite seiner Biografie nicht unterschlagen wollte. Es geht nicht darum, die Schuldfrage zu erörtern oder gar darüber zu richten. Zweifellos war Einstein untreu, was er im Scheidungsverfahren später auch zugab. Der letzte Satz dieser massiven Abrechnung mit seiner bisherigen Lebenspartnerin könnte darauf hinweisen, dass die Fehler nicht ausschließlich beim Ehemann lagen, obwohl Einstein es auch da nicht unterlässt, seiner Frau zusätzlich eins auszuwischen, indem er von «meinen» (nicht von «unseren») Kindern schreibt.

Wie auch immer. Diese im Rahmen der damaligen Zeitgeschichte belanglose Episode legt auch die Grenzen einer Persönlichkeit bei partiell grenzenloser Begabung bloß. Der später überzeugende Verkünder eines Weltethos angesichts der atomaren Bedrohung, zu der er mit anderen Kollegen die wissenschaftlichen Grundlagen geliefert hatte, besaß neben strahlend lichtvollen wissenschaftlichen und menschlichen Qualitäten seine Schattenseiten, die von unreifen Charakterzügen zeugen. Das Beispiel des Albert Einstein erinnert an ein Wort, wonach auch das Genie «abseits der Bürozeiten banal» sei, gemeint abgesehen vom schöpferischen Tun, das sich oft in Kürze und gedrängt, in einer bestimmten Sternstunde, unter entsprechenden Bedingungen «in Raum und Zeit» einstellt und abspielt. Das ist keine Demontage des Genies, denn gerade Einstein verfügte über ein beachtliches Potential von Selbstironie. So ist das Ganze bei aller menschlichen Tragik einfach auch tröstlich, und es relativiert.

7

Päpstliche Profile im
19. und 20. Jahrhundert

Leo XIII. (1878–1903) – Diplomat und Dilettant

Pius IX. starb nach schwerem Todeskampf am 7. Februar 1878 im Alter von 86 Jahren. Er verfügte testamentarisch, in San Lorenzo fuori le Mura beigesetzt zu werden. Die Überführung dorthin durch die feindliche Stadt schien zu riskant. Der tote Pontifex wurde provisorisch in St. Peter bestattet. Drei Jahre später wagte man die Translation ins Wunschgrab, aber mitten in der Nacht, aus Angst vor Demonstrationen. Trotz aller Vorsicht gab es wüste Sprechchöre mit den Rufen: *Viva l'Italia! Morte al Papa!... Al Tevere la carogna!* Der Pöbel wollte tatsächlich den Leichnam in den Tiber werfen und bewarf den Trauerzug mit Steinen. Die Polizei schaute meist weg.

Das Königreich Italien, das im «Garantiegesetz» von 1871 die Unabhängigkeit und Unantastbarkeit des Papstes als Oberhaupt der katholischen Kirche festgeschrieben hatte, behelligte das anschließende Konklave nicht. Aber ganz geheuer war den Kardinälen die Situation im annektierten Rom nicht, und diese Unsicherheit beschleunigte die Wahl, die auf den 1810 geborenen Kardinal und Bischof von Perugia Gioacchino Pecci fiel. Es gab auch Bedenken gegen diese Kandidatur. Pecci sei zu wenig fromm, zelebriere selten die Messe. Nun, wie heißt eine alte katholische Erfahrungsweisheit bei Wahlen von Bischöfen und Äbten: Der Kandidat soll nicht zu jung, nicht zu fromm und nicht zu intellektuell sein. Mit einem solchen Mann lebe es sich am besten. Die Wähler des 68jährigen Pecci haben wohl nicht im Traum daran gedacht, dass dieser Pontifikat volle 25 Jahre dauern würde.

Leo XIII. unterschied sich auf alle Fälle deutlich von Pio Nono, und das war den meisten recht. Es war Leo daran gelegen, die Spannungen abzubauen, in die sich die Kirche hineinmanövriert hatte. *Non è Pio, non è Clemente, è Leone senza dente (zahnloser Löwe)*, spotteten die Römer. In der «Römischen Frage» biss man bei ihm allerdings auf Granit: Kein Verzicht auf den geraubten Kirchenstaat, keine Anerkennung des revolutionären Italien. Mit diesem neuen Rom *der freimaurerisch-jakobinischen Pest*, wie es sich in kurialen Kreisen etwa las und hörte, war kein Ausgleich möglich. *Non possumus (wir können nicht)...* wurde sprichwörtlich für die Unversöhnlichkeit des Vatikans gegenüber den neuen Herren im Quirinal. Ende der 1880er Jahre sondierte Leo XIII. allen Ernstes bei Kaiser Franz Joseph wegen eines allfälligen Asyls in Wien. Die Antwort war einfühlsam freundlich, aber man bemühte sich, dem niedergeschlagenen Papst derartige Verlegungspläne auszureden, und zwar auf gut österreichisch, höflich und huldvoll. Es war trotzdem des Papstes Anliegen, mit der Welt außerhalb Italiens auf diplomatischer Ebene wieder in Kontakt zu kommen und aus der Selbstisolation seines Vorgängers auszubrechen.

Es gelang ihm, den Kulturkampf mit dem preußisch dominierten, seit 1871 geeinten Deutschland zu entschärfen. Bismarck, der erst großspurig erklärte, dass er keinen Canossagang antreten werde, gab sich später konzessionsbereit. Leo seinerseits war überglücklich, als der deutsche Reichskanzler 1885 ihn in einer ausländischen Mission als Schiedsrichter anrief. Der Papst zeichnete zum Dank den Protestanten Bismarck mit dem «Christusorden» aus. Geradezu enthusiastisch gestaltete sich die Beziehung zum sprunghaften Kaiser Wilhelm II., der dreimal den Papst besuchte und den Spagat auf sich nahm, den König von Italien dabei nicht zu verstimmen. Als der Papst dem Kaiser sein römisches Leid klagte, wimmelte Wilhelm geschickt ab und verwies auf die große Würde der päpstlichen Tiara. Die Papstkrone überrage doch den Wert des Kirchenstaates. Für einmal traf der unruhige Kaiser haargenau ins Schwarze.

Leo XIII. war im Unterschied zu seinem Vorgänger von schlanker, eleganter Statur, feingliedrig und feinsinnig, und hatte «durchsichtige Elfenbeinhände». Sein bleiches, nicht eigentlich schönes Antlitz mit markant geschnittenen, lebhaften Gesichtszügen und geistvollem, aber etwas undurchdringlichem Lächeln erinnert an Voltaire. Leo beherrschte mündlich und schriftlich die lateinische Sprache, feilte an Versen in Nachahmung Vergils und genoss die Komplimente für sein klassisches Latein. Leo XIII. war im guten Sinn des Wortes ein Dilettant, ein Liebhaber der Kunst. Seine grazile Gestalt und sein ästhetisch-schöngeistiges Naturell hinderten ihn indes nicht am Reiten und Jagen und ausdauernden Wandern. Er war zierlich und zäh. Er liebte auch das Spiel und verachtete nicht einmal das Rauchen. Tafelfreuden konsumierte er hingegen nur mäßig.

Papst Leo war aufgeschlossen gegenüber der rasant sich entwickelnden Technik. Er schwärmte für das Telefon, diesen wunderbaren kommunikativen Draht, der die Menschen segensreich zusammenführe, an dem auch der heilige Geist seine helle Freude haben dürfte. Leo pries in farbigen Worten und Bildern die Dampfkraft, die zu Wasser und zu Land mit Windeseile Menschen und Waren fortbewegt. Die einsetzende Elektrifizierung erweckte in ihm Assoziationen zum Beginn der Schöpfung, als Gott sprach: Es werde Licht. Der elektrische Strom, der mit einem bloßen Knopfdruck die Städte und Straßen erleuchtet, erschien ihm wie ein Funke des Schöpfers. Dieses enthusiastische Lob des Fortschritts hob sich diametral vom Stil seines Vorvorgängers Gregor XVI. (1831–1846) ab, der die Gasbeleuchtung abgelehnt und die aufkommende Eisenbahn mit dem ihm zugeschriebenen Verdikt *Chemin de fer – chemin d'enfer (Eisenbahn – Höllenbahn)* verteufelt hatte.

Ein großer Theologe war Leo XIII. nicht, schon gar kein Dogmatiker. Ganz gewiss hegte er nie den Gedanken, von der Unfehlbarkeit Gebrauch zu machen. Sicher hat man ihn nicht auch zuletzt wegen seines konzilianten Wesens gewählt, dem lehramtliche Definitionen und Verurteilungen widerstrebten. So gelang es ihm, die innerkirchlich verhärteten Fronten aufzubrechen. Des ungeachtet ist seine theologische Fernwirkung nicht zu unterschätzen, weil er der aristotelisch-thomistischen Philosophie und der scholastischen Theologie unter dem Etikett des «Neu-Thomismus» an den katholischen Universitäten und theologischen Fakultäten den Vorzug und die Verbindlichkeit gab. Thomas von Aquin erhielt das Monopol.

Besonders nachhaltig prägte die Sozialenzyklika «Rerum novarum» 1891 Ansehen und Ruhm Leos XIII. Damit trug dieser Papst sich bleibend mit seiner unverkennbaren Handschrift in die Kirchengeschichte ein. Ausgangspunkt war die fortgeschrittene Industrialisierung und vor allem das allzu oft desolate Los der Fabrikarbeiterschaft. Die soziale Frage kann nach diesem Schreiben nicht einfach durch Almosen und Wohltätigkeit gelöst werden, sondern die konzentrierte Anstrengung der ganzen Gesellschaft unter der Leitung von Kirche und Staat ist notwendig. Arbeitgeber und Arbeitnehmer werden in Pflicht genommen, kooperativ Arbeitsverträge zu erstellen und auf der Grundlage eines gerechten Ausgleichs den Frieden unter den Sozialpartnern herbeizuführen. Das Ziel war die Errichtung einer «Sozialen Marktwirtschaft», um einen Begriff vorwegzunehmen, der nach dem Zweiten Weltkrieg in Umlauf kam. Das Recht auf Eigentum wird nicht angetastet, aber ergänzt durch die Auflage gerechter Löhne und menschlicher Lebensbedingungen. Zur Absicherung müssen die Arbeitnehmer das Recht haben, sich organisatorisch zusammenzuschließen. Die Frauen- und Kinderarbeit bedarf eines besonderen Schutzes.

Zum Kernanliegen der christlich-katholischen Soziallehre entwickelte sich das «Subsidiaritätsprinzip», eine Art föderalistische «Zauberformel». Es besagt, dass die übergeordnete Gesellschaft oder der Staat die sekundären Gebilde und Gruppierungen nicht aufsaugen und überflüssig machen soll. Was die kleinere Gemeinschaft oder der Einzelne zu leisten vermag, ist diesen anzuvertrauen und muss zum Wohl des Ganzen in deren Kompetenzbereich bleiben. Die höhere Organisation und Instanz soll Hilfestellung und Unterstützung gewähren, aber so, dass Eigeninitiative und Eigenverantwortung nicht untergraben, sondern gefördert werden. Diese gesellschaftspolitische Maxime wird Pius XI. 1931 in «Quadragesimo anno», der Jubiläumsenzyklika zu Leos Rundschreiben, speziell thematisieren. – Seltsam und letztlich nicht nachvollziehbar war und bleibt bis heute die Tatsache, dass die Leitung der katholischen Kirche das Subsidiaritätsprinzip für ihre eigenen Strukturen und das Zusammenwirken von Universalkirche und Ortskirche nicht zur Anwendung gebracht hat. Im Gegenteil. Die Macht der Zentrale wurde zu Lasten der Diözesen ständig erweitert und die Kompetenzen der Bischöfe und Bischofskonferenzen laufend beschnitten. Dies war allerdings auch nur möglich, weil letztere sich das im 19. und 20. Jahrhundert – im Unterschied zu früher – zunehmend gefallen ließen. Die Stärke des Papsttums resultiert aus der Schwäche des Episkopats.

Pius X. (1903–1914) – pastoral und polemisch

Das Konklave nach dem Tod Leos XIII. begann am 1. August 1903. Im siebten Wahlgang erhielt am 4. August Giuseppe Sarto, der Patriarch von Venedig, die notwendige Zweidrittelmehrheit. Dazwischen spielte sich ein äußerst spannendes Wahlprozedere ab. Als aussichtsreicher Nachfolger war der Kardinalstaatssekretär Mariano Rampolla, der Premierminister Leos XIII. gehandelt worden. Aber dieser hatte auch an der Kurie nicht lauter Freunde.

Nach der Einkassierung des Kirchenstaates und der Einigung Italiens suchte das italienische Königreich diplomatischen Anschluss an das unter preußischer Führung gleichzeitig geeinigte Deutschland und an die Donaumonarchie Österreich-Ungarn. Der Vatikan bevorzugte die Nähe der jüngsten Schutzmacht Frankreich, was allerdings auch eine gewisse Öffnung nach Russland zur Folge hatte. Diese Konstellation der europäischen Mächte führte zehn Jahre später in den Ersten Weltkrieg. Der Staatssekretär galt als Architekt dieser päpstlich-kurialen Ausrichtung. Rampolla führte in den ersten Wahlgängen. Aber zu Beginn der dritten Abstimmung legte der Kardinal und Fürstbischof von Krakau im Namen «Seiner Apostolischen Majestät», des Kaisers von Österreich Franz Joseph das Veto gegen die Wahl von Rampolla ein. Die Hinwendung der vatikanischen Außenpolitik zu Frankreich missfiel Wien. Es lag auch die Befürchtung im Raum, dass ein möglicher Papst Rampolla die Polen halbwegs den Russen ausliefern könnte. Möglicherweise wollte Franz Joseph aber auch eine alte persönliche Rechnung begleichen. Anlässlich des mutmaßlichen Doppelselbstmordes des tragischen österreichischen Kronprinzen Rudolf und seiner Geliebten am 30. Januar 1889 soll sich Rampolla sehr reserviert gezeigt haben, als es darum ging, in Rom ein offizielles Requiem abzuhalten. Wie auch immer, die Meinung ist verbreitet, dass Rampolla auch ohne diese «Exklusive» nicht gewählt worden wäre. Auf alle Fälle sorgte der polnisch-österreichische Kardinal mit seinem Votum für helle Entrüstung im Konklave. Pius X. verbot alsbald für künftige Papstwahlen das faktisch früher hingenommene politische Einspracherecht. Rampolla konnte nach diesem Auftritt zwar noch zulegen, aber mehr symbolisch im Sinn einer Demonstration, dann bröckelte sein Anhang von Wahlgang zu Wahlgang zu Gunsten von Sarto. Man darf es dem Gewählten abnehmen, dass er den Pontifikat nicht anstrebte, obwohl ihm bekannt sein musste, dass er zu den «Papabili» zählte. Seine Tränen, die bei der Erklärung der Annahme der Wahl reichlich flossen, waren wohl nicht allein Tränen der Rührung, sondern des Erschauerns. Nun, Tränen flossen anscheinend in solchen Momenten des Öfteren. Wie es in Venedig einer Seufzerbrücke gibt, nennt man im Vatikan die Sakristei, wo man dem erkorenen Pontifex die Papstgewänder nach Maß anzieht, die «Stanza delle lacrime» (Tränenzimmer).

Die diplomatischen Vertretungen im Vatikan warteten gespannt auf das Auftreten des «Landpfarrers» im «Papstlook». Denn Sarto stammte nicht bloß aus sehr einfachen Verhältnissen Norditaliens, sondern diente die Sporen und Stufen eines Seelsorgers ab. Im unmittelbaren Kontakt mit den Gläubigen, im Dienst am Wort und Sakrament war er in seinem Element. Er galt als freundlich bis liebenswürdig, und seine Freigebigkeit sowie seine persönliche Anspruchslosigkeit waren sprichwörtlich. Wenn er später als Bischof Pfarreien visitierte, benahm er sich wie eine eifrige Sonntagsaushilfe und setzte sich auch in den Beichtstuhl.

Sein erster Auftritt als Papst gestaltete sich zu einem stillen Triumphzug. Man fand den Neuen auf dem Stuhl Petri, der in jungen Jahren auf dem Melkstuhl gesessen haben dürfte, ungemein «anziehend». Wie kam es dazu? Pius X. war eine stattliche Erscheinung, ein veritables Mannsbild, der von seinem in den letzten Amtsjahren eingeschrumpften Vorgänger deutlich abstach. Bei päpstlichen Schönheitskonkurrenzen würde Pius X. blendend abschneiden. Nach ihm gab es bis heute unter den Päpsten wohl keinen schöneren Mann. In der ersten Blütezeit der Fotografie gegen die Wende zum 20. Jahrhundert darf man dies keineswegs unterschätzen. Das Bild Pius' X. fand den Weg in jede Sakristei und in die Sprechzimmer der Pfarrämter. Der sympathische Papst wurde omnipräsent. Kaiser Franz Joseph, ein Zeitgenosse, wusste diese Möglichkeit von Public Relation meisterhaft einzusetzen. Sein Konterfei zierte die Häuser seiner Untertanen, und die ersten filmischen Versuche zeigten Seine Majestät entspannt und volkstümlich auf der Jagd. – In jener Zeit wurden Hochzeits- und Familienfotos auch in abgelegenen Dörfern aufgenommen.

Pius X. hatte seinen Charme, ähnlich wie Pius IX., während Leo XIII. diplomatische, leicht herablassende Freundlichkeit ausstrahlte. Und Pius X. galt als sehr fromm. Die Mischung von spontanem Umgang mit Menschen und sittenstrenger Frömmigkeit formten ihn zu einer Autoritätsperson. Sarto und später Pius war ein sanfter Tyrann. Er war kein Theologe, sondern der auch als Papst seelsorglich engagierte Priester, allerdings eingebunden in eine geistige Enge. Um mit einem Bild aus dem Militär zu sprechen: Er blieb als General der Feldweibel. Er vertrieb die Gemütlichkeit aus den italienischen Pfarrhäusern. Die unerbittliche Forderung nach priesterlichem Lebenswandel erreichte jeden Seelsorger. Das kam nicht überall an. Als eine päpstliche Streife auf ein verdächtiges Pfarrhaus zusteuerte, pflanzte sich der Pfarrer zum Empfang breitspurig vor dem Haus auf, in dem er Frau und Kinder zu verbergen hatte, und wies den ungebetenen Gast des Weges: «Via!» (Auf Deutsch: «Hau ab!»)

Humorlos war Pius X. nicht. Seine Bauernschläue war gepaart mit Schlagfertigkeit und sarkastischer Ironie. Einmal bot Pius, der dem Schnupftabakkonsum frönte, einem Kleriker eine Prise an. Dieser wehrte ab: *Heiliger Vater, dieses Laster habe ich nicht.* Der Papst konterte beleidigt und aggressiv: *Wenn es eines wäre, dann hätten Sie es.* Der Papst kannte aus langem unmittelbarem Umgang seine «Pappenheimer». Klerikale Eitelkeiten waren ihm bestens vertraut. Als ein italienischer Bischof sich bei Pius über einen unbotmäßigen Pfarrer beschwerte, fragte der Papst, ob dieser schon Prälat wäre. Als der Bischof verneinte, flatterte kurze Zeit später ein Ernennungsschreiben auf das bischöfliche Pult, das den pfarrherrlichen Querulanten mit den Insignien eines päpstlichen Prälaten schmückte. Ab sofort gab sich der bisher schwierige Pfarrer im Umgang mit seinem Bischof konziliant und pflegeleicht.

Die stärksten Seiten dieses Pontifikats sind sicher im pastoralen Bereich auszumachen. Da gingen tragfähige Impulse aus. Dieses Feld war sein Kompetenzbereich. Deswegen hatte man ihn zum Papst gewählt. Daneben hatte Pius X. ein durchaus pragmatisches Sensorium. In der leidigen «Römischen Frage» zeigte sich der strenge Glaubenshüter flexibler als sein sonst so geschmeidiger Vorgänger. Nach der Wahl wollte er auf der äußeren Loggia den Segen erteilen. Der Kardinaldekan machte ihn darauf aufmerksam, dass auf die sakrilegische Stadt kein missverständlicher Segen abfallen dürfe. Pius fügte sich. Aber er erlaubte später den praktizierenden Katholiken Italiens, sich wenigstens im kommunalen Bereich politisch zu betätigen. Und mit stillem Einverständnis des Vatikans durften sich Einzelne auch an den Parlamentswahlen beteiligen.

Problematisch bis verhängnisvoll wurde sein Einsatz auf philosophischem und theologischem Gebiet, bekannt unter dem Stichwort: Kampf gegen den «Modernismus». Was ist damit gemeint? Während des langen Pontifikats Leos XIII. fühlten sich die Theologen an der langen Leine des «liberalen» Papstes. Das Gespenst des Syllabus hatte sich verzogen. Allerdings kündigte sich gegen Ende von Leos Pontifikat wieder eine Verhärtung mit verstärkten Ermahnungen an. Konkret hatte man den «Amerikanismus» im Visier. Darunter verstand man die ab den 1890er Jahren wahrnehmbare Tendenz, Glauben und Seelsorge den zeitgenössischen Bedürfnissen anzupassen und gewisse Dogmen totzuschweigen, ohne sie direkt zu leugnen. Der Kurie missfiel eine nach ihrer Einschätzung hemdsärmlige Pastoral, die sich auf das sogenannte Machbare beschränke und auch einen «milden» Katholizismus gelten lasse.

Mit «Modernismus» war einiges mehr angepeilt. Es handelte sich um Ansätze und Bestrebungen – konzentriert ab

1900 –, die darauf abzielten, die kirchliche Theologie und den Katholizismus allgemein mit den neueren Erkenntnissen aus der Philosophie, der Geschichte, aus biblischer Exegese und Psychologie anzureichern und in eine Synthese zu bringen. Der Vatikan witterte dahinter eine fundamentale Gefahr, schlimmer als seinerzeit die Reformation: Zum einen befinde sich der Feind mitten in der Kirche und umgebe sich mit gefälliger Gelehrsamkeit. Zum anderen – und das wog vor allem schwer – verfange sich die Wertschätzung der Vernunft, gegen die an sich nichts einzuwenden sei, in eine Vernunftgläubigkeit, die letztlich eine transzendentale Gotteserkenntnis ausschließe (Agnostizismus) und die übernatürliche Offenbarung auf innerseelische Vorgänge reduziere. Daraus resultiere ein verschwommener Pantheismus, der bald einmal in Atheismus umschlage.

Im Sommer 1907 entlud sich im Dekret «Lamentabili» mit einem neuen Bündel zu verdammender Sätze und in der Enzyklika «Pascendi» ein römisches Gewitter. Die Wirkungen, die sich dem Verdikt anschlossen, erstreckten sich über Jahre und brachen Geist und Genick diverser Professorenexistenzen. Die wenigsten, meist nur indirekt Gemaßregelten, fanden sich in den päpstlichen Darlegungen wieder. Das Rundschreiben konstruierte so etwas wie einen modernistischen Popanz, der in dieser Art von niemand vertreten wurde. Dieses Pauschalurteil brachte auch berechtigte kritische Anmerkungen des päpstlichen Schreibens um seine Wirkung. Zusätzlich wurde 1910 von allen Weihekandidaten, angehenden Professoren und höheren kirchlichen Chargen der «Antimodernisteneid» verlangt, der bis zum Zweiten Vatikanum in Kraft war, dem sich aber die staatlichen theologischen Fakultäten in Deutschland geschickt entziehen konnten.

Romano Guardini, der bekannte katholische Kulturphilosoph, der nach dem Ersten Weltkrieg bis in die 1960er Jahre eine beachtliche Ausstrahlung im deutschen Sprachraum besaß,

schildert betreten, wie er als Theologiestudent erleben musste, dass Professoren von einem Tag auf den andern vorsichtig
wurden oder gar ihre bisherigen Meinungen verleugneten. Ein
Klima von Verdächtigungen stellte sich ein und begünstig-
te das Denunziantentum. Schriften und Dozenten wurden in
modernistisch, semimodernistisch oder «modernisierend» ein-
geteilt. Der deutsche Nachwuchsdogmatiker Karl Adam geriet 1911 in Schwierigkeiten mit dem Münchner erzbischöfli-
chen Ordinariat, weil er im Religionsunterricht gelehrt hatte,
dass der Knabe Jesus eine normale menschliche Entwicklung
durchgemacht habe. *Meine Anschauung, der kleine Jesus habe
lesen und schreiben gelernt, wurde mit Entrüstung protokolliert,*
notierte der Gemaßregelte. Adam gab dem *Bonzentribunal,*
wie er sich ausdrückte, nicht nach und hatte das bayerische
Königshaus an seiner Seite. Aber er fügte bitter hinzu: *Meine
innerliche Loslösung von der jetzigen empirischen Kirche ist jetzt
so ziemlich perfekt. Lieber ein Stiefelputzer sein, als mit dieser
Gesellschaft Hand in Hand gehen.* Unbescholtene und integ-
re Priester gerieten unters Rad. Angelo Roncalli, der spätere
Johannes XXIII., hat als junger Sekretär seines Bischofs einiges
von diesen Verdächtigungen mit traumatischer Wirkung mit-
bekommen, so dass für ihn als Papst die Devise feststand: So
mit mir und unter mir niemals!

Zu den kurialen Hardlinern zählte Kardinal Merry del Val
mit spanischer Abstammung und stramm spanischer inquisi-
torischer Neigung. Gegen den «Modernismus» baute sich die
«Integralistische Verschwörung» unter der Regie des römischen
Prälaten Umberto Benigni auf, der im Bündner Oberland
Ferien machte und den Mistral von Trun und Professor in
Freiburg im Üchtland, Caspar Decurtins, zu seinen Freunden
zählte. «Integralismus» steht als Name für einen religiösen
Totalitarismus, der allein aus dem katholischen Glauben he-
raus eine Antwort auf alle Fragen des privaten und öffentlichen
Lebens geben wollte und am liebsten alle Formen von Politik

und Kunst dem kirchlichen Urteil unterstellt hätte. Benigni wurde als umtriebiger und agiler Herr beschrieben, «mit lauerndem Blick und in ewiger Bewegung». Er baute– von Pius X. ausdrücklich unterstützt – das «Sodalitium Pianum» auf, eine frühe, ausgekochte «Stasi-Zentrale». Kenner nennen das Instrument ein System «perfekter Spionage und organisierter Verleumdung». Wie in einem echten Geheimdienst wurden in den Berichten Tarnnamen für wichtige Personen eingesetzt, dazu noch ausgerechnet weibliche, so für den Papst «Lady Micheline», für Merry del Val «Miss Romey» oder für Benigni «Charlotte». Auf dem Tiefpunkt dieser ebenso paranoiden wie perfiden Machenschaften erhob sich sogar ein vatikaninterner Stoßseufzer, der Kardinal Pietro Gasparri zugeschrieben wird, einem möglichen Papstkandidaten späterer Jahre. Der Aufschrei lautete: *Wenn Jesus wiederkäme, würde er wieder gekreuzigt, aber diesmal nicht in Jerusalem, sondern in Rom.* – Ob in Kenntnis oder Unkenntnis dieser Geschichte hindern diese Fakten zeitgenössische und ungebetene Glaubenswächter nicht, bei jeder Gelegenheit mit der unbedarften Anschuldigung des Modernismus um sich zu schlagen oder nicht genehme Theologen als Modernisten anzuschwärzen. – Pius X. starb am 20. August 1914, knappe drei Wochen nach Ausbruch des Weltkriegs.

Benedikt XV. (1914–1922) – versöhnlich und vermittelnd

Seit der Mitte des 19. Jahrhunderts wurden die Päpste Persönlichkeiten vorerst von gesamteuropäischem, später von globalem Interesse. Diese Position nach außen verstärkte auch ihren innerkirchlichen Einfluss. Je weniger der Papst faktisch Bischof von Rom war, desto mehr wurde er Universalbischof. Das wirkte sich entsprechend auf die Papstwahlen aus. Nicht selten manifestierte der Kampf im Konklave Kritik am Vorgänger. Die

Kardinäle verlangten eine Kurskorrektur. Das war nach dem Tod Pius' X. ganz offensichtlich. Die alten Seilschaften des verstorbenen Papstes gingen als Verlierer aus dem Konklave hervor. Es brauchte aber doch zehn Wahlgänge, bis der Erzbischof von Bologna, Kardinal Giacomo della Chiesa als Benedikt XV. bekanntgegeben wurde. Als eine der ersten Maßnahmen verjagte er den Kopf der «Integralisten», Umberto Benigni, aus Rom und gab unmissverständlich zu verstehen, dass er die unselige Treibjagd auf angebliche Ketzer ab sofort abstellen werde. Die Tage des Modernisten fressenden Geheimbundes waren gezählt.

Der neue Mann in Weiß war von auffallend kleiner und schmächtiger Gestalt, und bei den liturgischen Feiern und Auftritten sang er falsch. Aber damit konnte man leben. Der Papst hatte größere Sorgen. Der europäische Flächenbrand lenkte von den innerkirchlichen kleinkarierten Problemen ab. Benedikt XV. machte den Krieg und die Anstrengungen zu dessen Überwindung zur Chefsache. Die diplomatischen Aktivitäten eröffneten dem Papst auf der Weltbühne neue Horizonte und rissen ihn aus der erstarrten «Heimatfront», dem ungelösten Konflikt mit dem Quirinal heraus. Mit Jahrgang 1854 war er auch nicht mehr durch die Ereignisse um die Einigung Italiens belastet. Da half die Gnade der späten Geburt. Trotzdem kam es unter seinem Pontifikat noch zu keiner Aussöhnung mit dem italienischen Staat.

Noch während des Krieges schien urplötzlich ein Ausweg aus dieser verkarrten Situation in Sicht. Katholische diplomatische Kreise in Deutschland wollten dem Papst ein Territorium vermitteln, um ihm zu Sitz und Gewicht an der künftigen Friedenskonferenz zu verhelfen. Da wurde ein Versuchsballon gestartet und der Fürst von Liechtenstein freundlich eindringlich gebeten, formell sein Territorium dem Papst abzutreten. Kann es für einen katholischen Regenten etwas Edleres geben, als dem beraubten Papst mit einem Geschenk aus der Patsche zu helfen! Dann würde der Papst in den Kreis der Souveräne zurückkehren. Auf die Größe des politischen Gebildes käme es ja nicht an. Und der Papst bräuchte auch nicht in Vaduz oder auf irgendeinem Besitz des liechtensteinischen Fürstenhauses zu residieren, sondern er könnte den großherzigen bisherigen Regenten wiederum großzügig zu seinem Stellvertreter bestimmen. Aber er wäre unabhängig vom römischen Schurkenregime. Denn das war es nach wie vor in den offiziellen Augen des Vatikans. Angst musste der Papst in Rom zwar gewiss nicht haben, denn das italienische Königshaus und die Regierung hatten wiederholt Zeichen gesetzt, dass sie der päpstlichen Administration weder innerhalb noch außerhalb Italiens Steine in den Weg legten und das Konklave unbehelligt ließen. Aber der Papst wollte auch nicht abhängig sein von einer tolerant und gönnerhaft sich gebenden italienischen Staatsmacht. Das angestammte Recht durfte man nicht für eine unsichere Gnade verscherbeln. Benedikt war hell begeistert von diesem Plan mit dem Fürstentum am jungen Rhein, das ihn mit einem Schlag eines Albtraums entledigt hätte. Aber die fürstliche Familie von Liechtenstein winkte ab.

Von dieser kirchengeschichtlichen Operetteneinlage zurück auf das blutige Parkett des europäischen Kontinents zwischen 1914 und 1918. Mit der Antrittsenzyklika vom 1. November 1914 gab der Papst seiner Kriegsklage beredten Ausdruck. Die größten Völker, geistig religiös verwandt und mit der höchsten Kultur und Zivilisation bedacht, zerfleischen sich mit den schrecklichen Mitteln der modernen Technik und gigantischer Massenheere. Das Unheil artet in einen Selbstmord der Nationen aus. Die Zahl der Witwen und Waisen nimmt grauenhaft zu. Verkehr und Handel sind blockiert, fruchtbare Felder veröden, und die Künste schweigen. Der Appell an die führenden Kriegsmächte, die Waffen niederzulegen, verhallte zwar weitgehend, aber erhob das Papsttum zum ersten Mal in der Geschichte zu einer moralischen Großmacht über die Grenzen der katholischen Kirche hinaus. Dabei bemühte sich der Papst redlich um Neutralität, was ihn aber nicht vor Vorwürfen beider Seiten bewahrte, er diene der jeweils anderen zu. Französische Kriegspropaganda beschimpfte Benedikt als «pape boche», deutsche als «Franzosenpapst». Während der ganzen Kriegszeit bemühten sich die Krieg führenden Hauptmächte zwar immer wieder über geheime diplomatische Kanäle, anständig aus dem grausigen Gemetzel herauszukommen. Ein «Frieden ohne Annexionen» war ein wiederkehrender Vorschlag. Der Papst versuchte konkret, zuerst zwischen Italien, das die Front gewechselt hatte, und Österreich-Ungarn zu vermitteln. Abgesehen von Italien, mit dem der Heilige Stuhl auch in einem Kriegszustand verharrte, stand die Donaumonarchie mit dem Haus Habsburg an der Spitze der vatikanischen Diplomatie aus naheliegenden historischen Gründen am nächsten.

Benedikt XV. und Kardinalstaatssekretär Gasparri bearbeiteten beide Kriegsparteien vertraulich, wenigstens Friedensbedingungen zu sondieren. Ab 1917 schaltete sich der Münchner Nuntius Eugenio Pacelli aktiv im Deutschen Reich durch Kontakte mit Kaiser Wilhelm II. und Reichskanzler Theobald von Bethmann Hollweg sowie in Österreich mit Kaiser Karl in die Friedensbemühungen ein. Am 1. August 1917 publizierte der Vatikan eine päpstliche Friedensnote. Darin entwarf der Papst eigentlich bereits eine Nachkriegsordnung. In Zukunft müsse statt der «materiellen Gewalt der Waffen» die «moralische Macht des Rechts» treten. Die Armeen sollen durch ein internationales Schiedsgericht abgelöst werden. Die Freiheit der Meere und des Handels sei Voraussetzung für die Wohlfahrt der Völker. Alle besetzten Gebiete sollen geräumt werden. Auf Wiedergutmachung und Rechnungen für Kriegskosten möge man verzichten, damit nicht früher oder später immer wieder Rechnungen gestellt und mit Gewalt beglichen würden. Die Antwort auf die päpstliche Offensive war einerseits freundlich, aber so, dass man gern dem Gegner den Vortritt für ein Entgegenkommen lassen wollte, andrerseits nichtssagend bis ablehnend. Zudem änderte sich die Lage auf den Schlachtfeldern ständig. Wer Krieg führt, will aus der Position einer relativen Stärke verhandeln. Kurzum, die Friedensinitiative des Papstes scheiterte. Das Vierzehn-Punkte-Programm des US-Präsidenten Woodrow Wilson vom 8. Januar 1918 hatte bessere Erfolgsaussichten. Aber unterdessen war auch die Erschöpfung der verfeindeten Armeen und Völker weiter fortgeschritten.

Der Papst beschritt darauf mit mehr Effizienz und vielleicht auch mehr Geschick den karitativen Weg. Der Vatikan entwickelte sich zu einem «zweiten Roten Kreuz». Aber noch mitten im Krieg zeigte sich am östlichen Himmel ein unheimliches rotes Fanal. Die bolschewistische Revolution Lenins im Spätherbst 1917 in Russland wird den Vatikan auf dem europäischen Kontinent direkt oder mittelbar bis 1989 beschäftigen.

Pius XI. (1922–1939) – katholische Generalmobilmachung

Es brauchte vierzehn Wahlgänge, bis am 6. Februar 1922 der Erzbischof von Mailand, Kardinal Achille Ratti, als Pius XI. aus dem Konklave hervorging. Ein Mitwähler glossierte den Vorgang mit den Worten: *Nun haben wir Kardinal Ratti durch die vierzehn Kreuzwegstationen geführt und lassen ihn jetzt auf dem Kalvarienberg einsam zurück.* Ratti war ein Kompromisskandidat aus den Flügelkämpfen zwischen den «Zeloten» und den gemäßigt Fortschrittlichen. Der Sohn eines lombardischen Industriellen war Bergsteiger und Bibliothekar. Er stand auf dem Montblanc, der Dufourspitze und dem Matterhorn, und er stand über viele Jahre als «Präfekt» (Direktor) der Ambrosiana vor, der weltberühmten Bibliothek in Mailand. Ratti war nicht bloß Förderer dieses

Instituts, sondern Forscher und Spezialist in der Entzifferung von Handschriften.

Nach der Annahme der Wahl setzte Pius XI. alsbald und entschlossen ein starkes Zeichen. Er zeigte sich auf der äußeren Loggia von St. Peter und erteilte demonstrativ auch Rom und damit dem exkommunizierten Italien den Segen. Die italienische Armee präsentierte bei winterlichem Sprühregen erstmals zur Ehrenbezeugung auf dem Petersplatz ihre Waffen. Das Volk jubelte trotz des nasskalten Wetters, und selbst im Quirinal atmete man auf. Das Eis schien gebrochen. Das war der Anfang vom Ende des römischen Bruderzwistes.

Zunehmend zog es beide Seiten gleichermaßen zu einer Aussöhnung. Der sizilianische Priester Luigi Sturzo hätte eigentlich schon früher einen Weg aus der Sackgasse aufgezeigt. Er gründete 1914 eine katholische Partei, den «Partito Popolare Italiano». Damit führte er die Katholiken aus der politischen Isolation heraus. Mussolini, der im Herbst 1922 die Macht in Italien an sich riss, kam der Kurie durch überraschende Konzessionen entgegen. Die Katechese wurde in den Schulen wieder Pflichtfach, und in öffentlichen Gebäuden wurden Kruzifixe angebracht. Don Sturzo seinerseits opponierte gegen den Faschismus und ging ins Exil, während der Vatikan mit dem faschistischen Italien zu Verhandlungen überging. Das Ergebnis waren die «Lateranverträge» vom 11. Februar 1929, für Mussolini ein Prestigegewinn im In- und Ausland. Pius XI. würdigte den Duce gar als *Mann der Vorsehung*. Mussolini revanchierte sich auf seine Weise: *Wir hatten das Glück, einen wirklich italienischen Papst als Gesprächspartner zu haben.* Parteiintern ließ sich der Duce anders vernehmen: *Meine Herren, wir haben die weltliche Macht der Päpste nicht wieder aufleben lassen, wir haben sie begraben. Der faschistische Staat ist katholisch, aber er ist vor allem faschistisch.* «Lo Stato della Città del Vaticano» war aber doch ein Ministaat, und der Papst wurde wieder ein politischer Souverän. Er erhielt eine Abfindungssumme für die 1870 erlittenen Verluste, und der Katholizismus wurde Staatsreligion mit allen Konsequenzen für die Schule und die Ehegesetzgebung. So gab es in Italien bis in die 1970er Jahre keine Ehescheidung.

Am Abend nach den Unterschriften war Rom illuminiert. Der Papst, König Viktor Emmanuel III. und Mussolini zeigten sich der Öffentlichkeit, und die Bevölkerung dankte mit Ovationen. Italienische Karikaturisten illustrierten den spektakulären Auftritt der drei römischen Granden. Der Papst winkt mit beiden Armen: *Adesso siamo tutti fratelli. (Jetzt sind wir alle Brüder.)* Der Duce mit ausgestrecktem rechtem Arm zum faschistischen Gruß und mit grimmiger Miene: *Tanto abbiamo speso. (Soviel haben wir ausgegeben.)* Der König fragt, mit der Hand über den Augen und besorgten Blickes: *Chi lo pagherà? (Wer soll das bezahlen?)*

Am 20. Juli 1933 schloss Pius XI. auch mit dem nunmehr nationalsozialistischen Deutschen Reich ein Konkordat. Der Papst hatte anfänglich noch einige Erwartungen in Hitler gesetzt. Der Führer als möglicher Bundesgenosse im Kampf gegen den gottlosen Kommunismus und das Dritte Reich als Bollwerk gegen die anstürmende rote Flut aus Sowjetrussland. Kardinalstaatssekretär Eugenio Pacelli, der spätere Pius XII., der zusammen mit Vizekanzler Franz von Papen, einem parteilosen und schillernden Politiker, aber praktizierenden Katholiken, das in wenigen Tagen ausgearbeitete Vertragswerk unterzeichnete, war da wesentlich nüchterner. Der Deutschlandkenner Pacelli hatte die Dämonie des Nationalsozialismus viel früher und rascher durchschaut. Er war schon 1933 davon überzeugt, dass es sich bei den Leuten um Hitler nicht einfach um rabiate Kerle handle, sondern er erfasste mit klarem Blick diese neuen Machthaber als ein Bündel von Banditen, die man bestenfalls versuchsweise juristisch bändigen könne.

Pius XI. trug ein östliches Trauma mit sich herum. Er war gegen Ende des Ersten Weltkriegs als Apostolischer Visitator nach Polen geschickt worden, um beim Aufbau des neuen polnischen Staates kirchlich nach dem Rechten zu sehen. 1919 wurde Achille Ratti Nuntius in Warschau. Er erlebte den Anmarsch der Roten Armee, aber 1920 auch das «Wunder an der Weichsel»: Die Polnische Armee bereitete den Sowjets eine empfindliche Niederlage.

Allerdings hoffte Pius XI. anfänglich auch, mit der Sowjetunion einiges aushandeln zu können. Der Sowjetstaat hatte eine vollständige Trennung von Staat und Kirche proklamiert. Darin wähnte man ein mögliches Einfallstor. Vorerst engagierte sich der Vatikan 1921/22 tatkräftig zur Linderung der Hungersnot in Russland, die nicht zuletzt durch die aberwitzige Wirtschaftspolitik der Sowjetregierung verursacht war. Die kirchliche Hilfsmission lieferte Lebensmittel, Medikamente und Geld.

1923/24 verhandelte Pacelli in Berlin mit Sowjetaußenminister («Volkskommissar für Auswärtiges») Georgij Tschitscherin, einem relativ feinsinnigen und künstlerisch interessierten Altbolschewiken der frühen Jahre. Der Vatikan zeigte sich zur diplomatischen Anerkennung der Sowjetunion bereit, wenn diese ihrerseits den Aufbau einer katholischen kirchlichen Infrastruktur tolerieren würde. Das hieß für die vatikanische Diplomatie in erster Linie die Einpflanzung von Bischöfen. Für dieses Ziel wäre man an der Kurie sogar bereit gewesen, nur der Sowjetregierung genehme Bischöfe einzusetzen.

Da man auf dem Verhandlungsweg nicht weiter kam, entschloss sich Pius XI. zum Marsch in den subversiven Untergrund. Was sich daraufhin abspielte, stellt kein Glanzstück der vatikanischen Diplomatie dar. Die fiebrigen Umtriebe arteten in einen eigentlichen Kirchen-Krimi aus. Zum Chef der Geheimmission wählte man den französischen Jesuiten Michel d'Herbigny. Dieser wirkte als Professor am Päpstlichen Orientalischen Institut in Rom und war ein schwärmerischer Verehrer der Ostkirche, aber für eine delikate Mission völlig ungeeignet. D'Herbigny war selbst nicht wenig überrascht, als ihm der Papst am 11. Februar 1926 eröffnete, er werde in Kürze zum Bischof geweiht und sofort in Sondermission nach Russland geschickt, um daselbst Bischöfe zu weihen. In aller Heimlichkeit ordinierte Pacelli in Berlin den für Intrigenspiele ahnungslosen Jesuitenpater zum Bischof. Gemäß päpstlichem Aufgebot weihte d'Herbigny mehrere überrumpelte Kandidaten bei verschlossenen Türen zu Bischöfen. Dies geschah in der katholischen Ludwigskirche in Moskau, die der französischen Botschaft diente. Auf einer dritten Russlandreise nahm d'Herbigny auch in Leningrad eine Bischofsweihe vor. Dem sowjetischen Geheimdienst waren diese geheimkirchlichen Aktivitäten von Anfang an nicht verborgen geblieben. Zunehmend unvorsichtig führte sich der Missionsbischof bei seinen Russlandaktivitäten auf. So verschickte er eine offene Postkarte mit vertraulichen Meldungen. Als er schließlich in aller Öffentlichkeit katholische Seelsorge entfaltete, schritt die Sowjetmacht ein und verwies den eifrig, aber unklug agierenden Bischof des Landes. Auf dieses missionarische Abenteuer folgte eine scharfe Unterdrückung des kirchlichen Lebens im sowjetischen Machtbereich. D'Herbigny geriet nun auch im Vatikan in Ungnade. 1933 verließ er Rom, angeblich aus gesundheitlichen Gründen. 1937 verbot ihm die römische Kurie, weiter als Bischof in Erscheinung zu treten. Die nächsten zwanzig Jahre seines Lebens verbrachte der abgesetzte einstige bischöfliche Hoffnungsträger bis zu seinem Tod am 23. Dezember 1957 unter Hausarrest in einem französischen Jesuitennoviziat in völliger Absonderung und Isolation. Der Gemaßregelte ließ sich das im Gehorsam alles gefallen und für die Staatsräson des Reiches Gottes «einstampfen».

Die späteren Jahre Pius' XI. waren vor allem belastet durch den Kirchenkampf in Deutschland, der ab 1935 an Schärfe und Perfidie zunahm und in den Devisenprozessen sowie in den öffentlich ausgeschlachteten Sittlichkeitsprozessen seinen

Kulminationspunkt erreichte. Auch mit dem faschistischen Italien gestaltete sich das Einvernehmen nicht reibungslos. Unter Mitwirkung der deutschen Spitzenbischöfe schlug der Papst zu und verurteilte in der Enzyklika «Mit brennender Sorge» vom 14. März 1937 den nazistischen Rassenvergottungswahn und die Verletzungen des Konkordats. Bei einer Besuchergruppe wies Pius XI. auf «unseren Vater Abraham» hin, wie er im römischen Hochgebet bezeichnet wird, und meinte mit «unserem» den gemeinsamen Vater von Juden und Christen. Fünf Tage nach der Verdammung des Nationalsozialismus erfolgte das päpstliche Schreiben gegen den Kommunismus.

Mit Namen und Autorität Pius' XI. ist die «Katholische Aktion» verbunden. Die liturgische Aufbereitung dieser Anstrengung war die Einführung des Christkönigsfestes 1925, als christliche Offensive gegen die Verkörperung des militanten und missionarischen Atheismus kommunistischer Doktrin und als attraktive Alternative zu den neuheidnischen Götzenkulten um den Duce und den Führer. Pius XI. definierte 1933 die Katholische Aktion als die *Mitarbeit und Teilhabe der Laien am hierarchischen Apostolat der Kirche.* Ziel war die Sammlung aller kirchlichen Kräfte zur Abwehr und Überwindung des neuzeitlichen Gottlosentums und die Mobilisierung des gesamten innerkirchlichen Potentials. Mittel dazu waren die Selbstheiligung der Gläubigen durch eifrigen und gewissenhaften Sakramentenempfang und das «Laienapostolat». Unter letzterem verstand man die christliche und kirchliche Durchdringung des öffentlichen Lebens. Für alle Aktivitäten aber galt das hierarchische Prinzip: Auf Bistumsebene nichts ohne den Bischof, auf Gemeindeebene nichts ohne den Pfarrer. Bei den Reformierten in konfessionell gemischten Regionen kam die Katholische Aktion schlecht an. Man missverstand sie als Kriegserklärung an die Protestanten und als Aufforderung zur Rekatholisierung.

Die Katholische Aktion entfaltete eine bis in unsere Zeit anhaltende Fernwirkung. Da ist einmal die theologisch und spirituell gepflegte Christozentrik. Dann wurde der Laie in der Kirche, ein «schlafender Riese» (Hans Urs von Balthasar), geweckt und auch nicht mehr zur Ruhe gebracht. Die Geister, die der Papst wach gerüttelt hatte, wurde er nun nicht mehr los. Das Selbstbewusstsein der Männer und Frauen, die sich mit biblischer Begründung auf das Allgemeine Priestertum aller Getauften beriefen, war aktiviert, motiviert und gestaltete wesentlich die über die nächsten vier Jahrzehnte andauernde, in ihrer Art einmalige und in der Kirchengeschichte unüberbietbare kirchliche Hochkonjunktur. Aus den Laienmitarbeitern gingen Laientheologen auf ureigenen kirchlichen Arbeitsfeldern hervor. Und auf die Mitarbeit der Laien folgte ihre Forderung nach Mitbestimmung. Die Auseinandersetzung mit diesem Postulat ist gegenwärtig in vollem Gang.

Pius XII. (1939–1958) – verehrt und verrissen

Die Wahl von Eugenio Pacelli ging rasch und reibungslos über die Bühne. Am 2. März 1939 wurde er im dritten Wahlgang mit 48 von 63 Stimmen gewählt. Ungewöhnlich war, dass der Kardinalstaatssekretär die Nachfolge antrat. In politischer Terminologie: Der Premierminister wurde Staatspräsident. Das war gegen das ungeschriebene Gesetz der Tradition. Aber bei diesem Konklave waren Kontinuität und Kompetenz gefragt. Dafür schien Pacelli zu bürgen, der Mann der Kurie mit der diplomatischen Erfahrung. Die Zeichen der Zeit standen auf Sturm mit Orkanstärke. Die Achsenmächte Deutschland und Italien gebärdeten sich immer aggressiver. Also keine Experimente. Verlangt war in dieser Stunde Verlässlichkeit. Die Römer jubelten. Endlich wieder ein «Romano di Roma».

Zwei Tage nach der Papstkrönung vom 12. März zerschlagen deutsche Truppen den restlichen tschechoslowakischen Staat, und Hitler errichtet das «Reichsprotektorat Böhmen und Mähren». Am 7. April, dem Karfreitag, besetzt Mussolini Albanien. In Spanien tobt seit 1936 ein Bürgerkrieg mit ausländischer Einmischung. In der Folge zeichnet sich eine Umstellung der Mächtekonstellation ab. Die bisherigen Todfeinde, das nationalsozialistische Deutschland und das kommunistische Russland nähern sich einander an. Damit ist das Schicksal des eingeklemmten Polen besiegelt. Aber mit dem Überfall der deutschen Wehrmacht auf Polen am 1. September 1939 beginnt der Zweite Weltkrieg, weil England und Frankreich dem Deutschen Reich am 3. September den Krieg erklären, was bei Hitler fürs Erste einen Schock auslöst.

Damit begann bereits im ersten Amtsjahr die schwierigste Zeit dieses Pontifex, die sich als die belastendste für die Beurteilung seines Pontifikates auswirken sollte. Freilich erreichte ihn diese Kritik nicht zu seinen Lebzeiten, sondern kam erst fünf Jahre nach seinem Tod auf, und dies eher zufällig, durch das Bühnenstück *Der Stellvertreter* von Rolf Hochhuth. Allerdings gab es schon davor eine unterschwellige Diskussion über das Verhalten des Papstes während des Zweiten Weltkriegs und angesichts des Völkermords an den Juden. Pius XII. übte strikte Neutralität gegenüber den kriegführenden Mächten. Er nannte sie «Unparteilichkeit» – eine Haltung, die sich für die übernationale Funktion des Papstes im Normalfall geradezu aufdrängt. Aber der Zweite Weltkrieg war eben nicht mehr der Erste. Dieser war zwar entsetzlich gewesen, was die Zahl der Opfer vor allem unter den Soldaten betrifft, aber insgesamt wurde er doch im konventionellen Rahmen geführt. Der Zweite hingegen war von Anbeginn ein verbrecherischer Angriffskrieg. Was die Aggressionswut betrifft, ist er durchaus mit den Expansionskriegen Napoleons vergleichbar; in der kriminellen Energie, im Ausmaß an Menschenverachtung und Menschenvernichtung steht er indes als internationaler Krieg einmalig da. Insofern kann natürlich auch die unbeirrte Neutralitätspolitik hinterfragt werden. Aber darum geht es in der zeitweise leidenschaftlich geführten Debatte eigentlich nicht, sondern um das Verhalten des Papstes während des europäischen Judenmordes.

Wie viele Divisionen hat der Papst, soll Stalin spöttisch gefragt haben. Der Papst hat nur die Waffen des Wortes, aber unterschätzen soll man dessen Gewalt nicht. Und genau um die Frage geht es: Warum hat der Papst diese Waffen nur spärlich eingesetzt? Pius XII., den diese Frage auch beschäftigte, gab die Antwort selbst: *Um Schlimmeres zu verhindern.* Geschrieben mitten im Krieg am 30. April 1943 und nicht erst im Nachhinein zu seiner Rechtfertigung, und zwar an den Bischof von Berlin Konrad Preysing, der sich mit Scharfblick von allem Anfang an wie keiner seiner deutschen Bischofskollegen von der Hitlerregierung und der Naziideologie abgesetzt hatte und dem Papst besonders nahe stand. Also gibt es keinen Grund zu zweifeln, dass diese Aussage ehrlich gemeint war. Ob dieses Argument auch stichhaltig war, steht auf einem anderen Blatt. Das öffentliche Eintreten der holländischen Bischöfe für die Juden hat diesen nicht geholfen, im Gegenteil. Nur hatte der bischöfliche Protest eines von den Deutschen besetzten Landes für die Naziführung sicher nicht den Stellenwert einer päpstlichen Intervention. Man pflegt gemeinhin zu sagen, Taten zählen mehr als Worte. An Taten, an Hilfestellung für die Juden durch Verstecke, Pässe und materielle Unterstützung ließ es der vatikanische Ministaat nicht fehlen. Letzteres gilt auch für kirchliche Stellen in Deutschland.

Wie aber ist nun dieses «Schweigen» oder die Zurückhaltung des Papstes zu werten? Es widerspricht einer historisch gerechten Beurteilung, wenn man den «Schwarzen Peter» einseitig dem Papst zuweist. So wie der Papst schwieg, schwiegen auch die deutschen Bischöfe. (Auch die Schweizer Bischöfe schwie-

gen angesichts des Flüchtlingselends an ihren Grenzen.) Der
«Zivilisationsbruch» in Deutschland begann nicht erst mit
dem Pogrom an den Juden in der «Reichskristallnacht» im
November 1938 oder mit der jüdischen Massenvernichtung
unmittelbar nach Kriegsausbruch, sondern 1933, und zwar
unmittelbar nach Hitlers Ernennung zum Reichskanzler am
30. Januar, als das Machtgefüge des Führers noch keineswegs voll etabliert war. Bereits im Frühjahr 1933 kapitulierten
die Parteien, die Gewerkschaften, die Justiz und das öffentliche Leben reihenweise angesichts der nationalsozialistischen
Dynamik. Eine ganze Nation erstarrte, als ein hochbegab-
ter Demagoge, «aus dem es plötzlich zu reden begann», der
aus dem gesellschaftlichen Nichts kam und aus dem Chaos
der einstürzenden Weimarer Republik emporgespühlt wurde,
«schlagartig» mit Hilfe von Schlägertrupps und einer diaboli-
schen Propaganda die Herrschaft an sich riss. Bis Mitte 1934
war immerhin noch der Reichspräsident Hindenburg als oberste Instanz im Amt, auch wenn sich über seine Amtsfähigkeit
zu diesem späten Zeitpunkt spekulieren ließe. Die Reichswehr
mit ihrer altpreußischen Generalität aus dem Ersten Weltkrieg
war nicht nationalsozialistisch eingestellt. Es wäre 1933 und in
der ersten Jahreshälfte 1934 sicher denkbar und erfolgverspre-
chend gewesen, wenn sich die militärische Führung des Reiches
vor den Reichspräsidenten hingestellt hätte mit der Forderung:
Entweder räumen Sie mit dem Spuk auf, oder wir besorgen
das. (Es gab zu diesem Zeitpunkt noch keinen militärischen
Eid auf den Führer und Reichskanzler, der das Gewissen der
hohen Offiziere belastet hätte.) Aber nein, man ließ es geschehen, dass bereits im März 1933 die ersten Konzentrationslager
in Oranienburg bei Berlin und in Dachau bei München errichtet und zuvor schon im Februar alle freiheitlichen Grundrechte
suspendiert wurden. Die ersten direkt Verfolgten waren übrigens nicht die Juden, sondern die innenpolitischen Gegner der
neuen Machthaber.

Ein «nobles» Beispiel für diesen unglaublichen Absturz gehobener Kreise: Der 1929 gegründete Rotary-Club München, der alle nur denkbaren Tugenden von Humanität, Liberalität und Toleranz auf seine Fahnen geschrieben und den gefeierten Literaturnobelpreisträger und Rotarier Thomas Mann *als Weltehrenbürger des Geistes* überschwänglich gefeiert hatte, trennte sich am 4. April 1933 von seinem aus gutem Grund in die Schweiz geflohenen renommierten Mitglied. Das Schreiben des Club-Präsidenten an Thomas Mann hat folgenden Wortlaut:

Ihre längere Abwesenheit von München hindert uns, mit Ihnen über Ihre Zugehörigkeit zum hiesigen Club zu sprechen. Sie dürften aber die Entwicklung in Deutschland genügend verfolgt haben, um zu verstehen, dass wir es für unvermeidlich halten, Sie aus unserer Mitgliederliste zu streichen. Mit vorzüglicher Hochachtung!

Mit rasant vorauseilendem Gehorsam und mit einer widerlichen Willfährigkeit sondergleichen entledigte man sich auch der jüdischen Clubmitglieder, obwohl selbst die braunen Machthaber zu diesem Zeitpunkt keinen «Arierparagraphen» für die Rotaryclubs aufoktroyierten. Dieses würdelose Umfallen hat die deutschen Rotarier vor der erzwungenen Selbstauflösung 1937 nicht bewahrt. Zur Ehrenrettung sei angemerkt, dass viele Mitglieder diesen Kniefall vor dem Regime nicht mitvollzogen. Aber wenn dies am gestandenen «grünen Holze» geschah, wie soll man sich da wundern, wenn unzählige Arbeitslose, geistig und materiell Entwurzelte und junge, karrierebewusste Akademiker scharenweise der Nazipartei und ihren Formationen zuliefen, dass sogar die alten Parteigenossen sich die Augen rieben. Unaufgefordert wurden Treue- und Ergebenheitserklärungen gegenüber der Regierung der «nationalen Erneuerung» abgegeben. Von der nationalsozialistischen

Kampfparole «Deutschland erwache!» ließen sich plötzlich viele bisher der Partei Ferngestandene, auch kirchliche Kreise wecken.

Es geisterte nämlich seit der nie verwundenen Niederlage von 1918 in manchen prominenten deutschen Köpfen die Idee von einer neu sich herauskristallisierenden historischen Berufung Deutschlands gegen den Westen und dessen Friedensdiktat von Versailles. Schlagworte machten die Runde, wie germanischer Gemeinschaftssinn gegen westliche «Ich-Begierde», deutsche «Selbstzucht gegen Selbstsucht» liberaler Lebenseinstellung und das Verlangen nach einem «Zwingherrn», der die «widerstrebende Natur» der Menschen zum Glück befehlen müsse. Und Thomas Mann, dem jetzt so übel mitgespielt wurde, hatte schon mitten im Ersten Weltkrieg über ein «Drittes Reich» der Deutschen nachgedacht. Der Sohn Golo Mann deutete es so, dass sein Vater sich unter anderem deswegen so vehement gegen Hitler gestellt habe, weil der Nationalsozialismus eine ureigene politische Vision Thomas Manns malträtiert und pervertiert habe. Dazu gesellte sich in den 1920er Jahren trotz Bolschewismus eine in politisierenden intellektuellen Kreisen verbreitete Option für den Osten, der sich Thomas Mann mit seiner Bewunderung Dostojewskis und Tolstois auch anschloss. Man pries Russlands chaotisch slawische Tiefgründigkeit, welche das «deutsche Wesen» mit seiner strengen «Gotik der Seele» zu einer fruchtbaren Symbiose einlade.

Zurück zum eigentlichen Thema. Wo blieb der offizielle kirchliche Protest in Deutschland, als bereits im Frühjahr 1933 die gesellschaftliche, politische und wirtschaftliche Diskriminierung der Juden einsetzte? Dabei ist erwiesen, dass dem Naziregime die Volksmeinung durchaus nicht gleichgültig war. Die Kirchen und niemand sonst hätten eine Schlüsselposition gehabt, «dem Rad in die Speichen zu fallen», als dies noch einigermaßen möglich gewesen wäre. 1941 erhob der Bischof von Münster Clemens August von Galen, der anfänglich vom braunen Regiment nicht ganz unberührt war, seine Stimme gegen das Euthanasieprogramm des Regimes, die Serienmorde am sogenannten «lebensunwerten» Leben, zu einem Zeitpunkt, als die Wehrmacht noch von Sieg zu Sieg eilte. Er hatte Erfolg. Warum? Weil er in einer ganz direkten Sprache ohne Umschweife und Verpackungen zur Sache kam. Und er klagte die Verantwortlichen des Mordes an. Psychologisch äußerst geschickt sprach er die Menschen an. Er prophezeite ihnen das Schlimmste. Was wird unseren Soldaten dereinst blühen, wenn sie als Krüppel aus dem Krieg heimkehren und dem Volkskörper nicht mehr nützlich sind? Den Dank des Vaterlandes kann man sich ausrechnen. So etwas zog und bewog Hitler zu einem Rückzieher. Aber für die Juden fand man von bischöflicher Warte solch deutliche Worte nicht. Man sang weiter gregorianisch, aber schrie nicht für die Juden, um eine Klage Dietrich Bonhoeffers aufzunehmen.

Es trifft sicher für den Großteil der Deutschen zu, dass sie bis zum Kriegsende nicht wussten, was mit den Juden im Osten wirklich geschah. Die am 20. Januar 1942 in der Wannseekonferenz eingeleitete systematische und «industrielle» Ermordung der Juden war ein Nebenkriegsschauplatz im Kampf gegen die Sowjetunion. Und was die Realität der Kriegslage im Osten betraf, erfuhr man immer weniger. Ohne den begleitenden Ostfeldzug wäre der Genozid an den Juden zweifellos undenkbar gewesen. Aber die Verschleppung der Juden, das Zusammentreiben auf öffentlichen Plätzen und die Deportationen mit der Bahn bekam man auch in der Heimat mit. Selbst wenn die Juden in den eroberten Ostgebieten als Farmer eingesetzt worden wären, bliebe ihre zwangsweise Umsiedlung ein himmelschreiendes Verbrechen.

Wie das Beispiel des Bischofs Galen zeigt, war es nicht allein damit getan, dass man redete. Es kam darauf an, wie man es sagte. Wenn der Bischof von Münster nur mit dem fünften Gebot «Du sollst nicht morden» (meistens heißt es einfach «töten») dahergekommen wäre, hätte er unmöglich diese Resonanz gehabt. Da wo der Papst oder einzelne Bischöfe und Priester ihre Stimme für die Juden erhoben, geschah es leider mit wenigen Ausnahmen in dieser abstrakten und gleichzeitig sich zurücknehmenden Diktion. Das trifft auch für den klaren Kopf von Konrad Preysing zu, der sich für einen Hirtenbrief von 1942 vom Protestanten Helmuth James von Moltke, dem führenden und später hingerichteten Kopf des widerständigen «Kreisauer Kreises» inspirieren ließ. Die Leser und Hörer verstanden zwar schon, dass mit dem Hinweis des Rechts auf Leben auch für fremde Rassen die Juden gemeint waren. Aber die griffige und angriffige Sprache fehlte in den offiziellen Verlautbarungen. Die bloße Berufung auf den Dekalog war aussichtslos und zum Scheitern verurteilt. Die Studentengeschwister Scholl und ihre Freunde haben im Februar 1943 auf Flugblättern eine ganz andere Sprache geschrieben. Ihnen brach es den Hals. Die Bischöfe in der geschlossenen Formation der Bischofskonferenz hätten mit Sicherheit nichts riskiert, obwohl wir ihnen nicht unterstellen wollen, dass persönliche Angst ihre Leisetreterei diktiert hätte. Natürlich ist die Frage berechtigt: Welche Breitenwirkung hätten die Bischöfe mit einer unverblümten Klage erreicht? Wie wären sie mit einem leidenschaftlichen Eintreten für die Juden angekommen? Im Krieg wäre es schon reichlich spät gewesen, weil die Menschen in Deutschland mit direkteren Sorgen eingedeckt waren, als das Kriegsgeschehen zunehmend mit Bomben in die Heimat zurückschlug und die Angst um die Angehörigen im Feld Gedanken und Sorgen beschlagnahmte. Die große Unterlassung und das Versagen geschahen vor dem Krieg.

1943 prangerte der Erzbischof von Freiburg i. Br. Conrad Gröber, der anfänglich kurzsichtig voll trügerischer Hoffnung und geradezu beflissen dem Dritten Reich hofierte, scharf gewisse kirchliche Tendenzen an. Liturgische Fragen und die seiner Ansicht nach forcierte Betonung des Allgemeinen Priestertums standen auf der Klageliste seiner Eingabe. Den Papst befremdete, dass man mitten in den ärgsten Kriegswirren sich den Luxus leiste, über die Gottesdienstordnung zu diskutieren. Pius XII. wörtlich in seiner Entgegnung:

Die Immunisierung der deutschen Katholiken gegen alle die falschen, oft unmenschlichen und gottlosen Auffassungen und Praktiken, die in den letzten Jahren an sie herangetreten sind, sowie die alles Maß übersteigende äußere und moralische Kriegsnot bereiten Uns ungleich mehr Sorge. Es mutet Uns etwas zeit- und weltfremd an, wenn die liturgische Frage als die Frage der Gegenwart gestellt wird.

Diese Antwort spricht für den Papst.

Pius XII. hatte seine beste Zeit in den ersten Jahren nach dem Krieg. Zuvor noch etwas zu seiner Herkunft. Geboren wurde er am 2. März 1876 als Abkömmling mittlerer römischer Nobilität, die man «Schwarzer Adel» nannte, weil dieser sich nach der Errichtung des italienischen Nationalstaates im Jahr 1870 unverbrüchlich mit den Päpsten solidarisierte. Sein Vater stand als Jurist in vatikanischen Diensten. Als Theologiestudent durfte er zu Hause im «Hotel Mamma» wohnen und sich von der Mutter verköstigen lassen. Wegen seines «überempfindlichen Magens» erhielt er auf Fürbitte seines Vaters, der über einen guten Draht zu hohen Stellen verfügte, Dispens vom Aufenthalt in einem Priesterseminar. Bedenkt man die strenge Seminarpflicht für gewöhnliche Sterbliche, wirkt dieses Privileg befremdlich, zumal sich Pius XII. später auch über die spirituelle Formung künftiger Priester auf dezidierte Weise vernehmen ließ. Nach der Priesterweihe und noch während seinen kirchenrechtlichen Studien trat er in den diplomatischen Dienst der Kurie ein, der ihn in schwierigen Jahren als Nuntius nach München und später nach Berlin führte. Er kannte und liebte Deutschland und beherrschte die deutsche Sprache. Im engeren päpstlichen Wohnraum sprach man deutsch, zumal seine Haushälterin eine deutschschweizerische Ordensschwester war.

Während seines fast zwanzigjährigen Pontifikats in bewegten Zeiten überstrahlte die fotogene Figur des Papstes mit seinem vornehmen und herbmilden Glanz die katholische Kirche. Von großer schlank erscheinender Gestalt und gewinnendem aristokratischem Wesen wirkte er zu seiner Zeit wie die Verkörperung des genuin Katholischen. Hierarchisch abgehoben verklärt und formvollendet in der menschlichen Zuwendung. Er war eitel, verstand es offenbar elegant, einen Bauchansatz zu tarnen, aber er verkaufte diese Schwäche hervorragend, und er bewegte sich in einer Art angeborener ungekünstelter Frömmigkeit, die man ihm abkaufte. Die Starfotos zeigen zwei typische Auftritte: den Segensgestus mit der erhobenen Rechten und dem gestreckten Zeige- und Mittelfinger sowie die ausgebreiteten langen Arme, die eine Umarmung der ganzen Menschheit suggerierten, aber auch eine Kreuzesdarstellung. Die gestellten Aufnahmen lassen eine steife Haltung vermuten. Aber das täuscht. Dokumentarfilmaufnahmen zeigen einen äußerst lebhaft gestikulierenden Papst, der mit seiner hohen Stimme rasch sprach. Berühmt war Pius XII. für seine unzähligen Ansprachen bei Audienzen zu allen möglichen Themen. Er lernte mit seinem fabelhaften Gedächtnis und einer speziellen Methode die Manuskripte auswendig und vermittelte so den Eindruck einer freien, aber druckreifen und bestinformierten Rede.

Der weltanschauliche und politische Feind Nummer eins in der Nachkriegszeit war für Pius XII. der Kommunismus, und seine unmittelbare Sorge galt einer möglichen Machtübernahme in Italien durch die Kommunisten. Der einsetzende Kalte Krieg bestärkte den Papst in seiner Abwehr. Nun gab er auch den letzten Rest von Neutralität auf und bezog energisch Stellung. Der mit scheußlichen Folterungen begleitete Schauprozess der ungarischen Kommunisten gegen den Primas und Kardinal

Jozsef Mindszenty zu Beginn des Jahres 1949 gab wohl den Ausschlag. Dieser Justizskandal erschütterte die ganze katholische Kirche. Die Anteilnahme am Schicksal des Erzbischofs, das an die altkirchliche Christenverfolgung erinnerte, war bis ins hinterste Dorf der «Freien Welt» zu spüren. Am 1. Juli 1949 wurden alle kommunistischen Parteimitglieder und kommunistischen Publizisten durch Dekret des Heiligen Offiziums exkommuniziert. Mehr als nur ein Wink mit dem Zaunpfahl an die italienischen Genossen. Genützt hat es nicht viel. Der Bannstrahl galt aber nur den freiwilligen Kommunisten. Damit nahm man Rücksicht auf die Zwangslage im sowjetisch dominierten Ostblock. Als die Sowjetarmee im Spätherbst 1956 die ungarische Volkserhebung brutal niederwalzte, ließ es Pius XII. an deutlichen Worten auf dem Petersplatz nicht fehlen. Er stellte die rhetorische Frage, ob ein Papst angesichts dieser Ungeheuerlichkeit neutral bleiben und schweigen könne. Pius XII. reihte sich ein in die Front der NATO und der westeuropäisch-transatlantischen Wertegemeinschaft. So nah bei der Demokratie war bisher noch kein Papst.

Im Kontext des antikommunistischen Kreuzzugs würgte Pius XII. in Frankreich gegen den Willen der führenden Bischöfe 1953/54 das Experiment der «Arbeiterpriester» ab, die hauptberuflich als Fabrikarbeiter sich im Arbeitermilieu angesiedelt hatten und dank ihrer rhetorischen Bildung oft als Wortführer in Gewerkschaften und linken Parteien aufgetreten waren.

Innerkirchlich steht dieser Pontifikat für vielfältigen Aufbruch. Am Fest Peter und Paul, dem 29. Juni 1943, veröffentlichte Pius XII. die Enzyklika «Mystici Corporis», ein Lehrschreiben über die Kirche, das der bevorzugten katholischen Disziplin, der Ekklesiologie, neuen Auftrieb gab. Im Herbst desselben Jahres erschien das Rundschreiben «Divino afflante Spiritu», das eine Ermunterung für die katholischen Exegeten war und der Bibelwissenschaft grünes Licht auch für eine mo-

derne historische und kritische Forschung gab. Die Enzyklika
«Mediator Dei» vom 20. November 1947 befasste sich mit einem weiteren katholischen Lieblingskind, der Liturgie, und eröffnete ein ungemein fruchtbares Feld für die kommenden Jahrzehnte.

Pius XII. dachte auch allen Ernstes an die Einberufung eines Allgemeinen Konzils. Krankheit und Alter ließen das Projekt nicht weiter gedeihen. Und in seiner kurialen Umgebung wurde er kaum dazu gedrängt. In seiner letzten Amtszeit stockte vieles. Das Kardinalskollegium wurde nicht mehr weiter aufgestockt. Der Pontifex herrschte autokratisch und hatte sogar schon seit 1944 die Schlüsselcharge eines Kardinalstaatssekretärs unbesetzt gelassen. Der Papst verschloss sich und vereinsamte.

Pius XII. konnte sich auch großzügig geben und pragmatische Entscheide fällen. Er war gelegentlich weniger päpstlich als sein Stab. Er kritisierte die Strebsucht an der Kurie und anderswo. Wenn sie endlich Bischöfe seien, möchten sie Kardinäle werden, und wenn dieses Ziel erreicht sei, lechzten sie nach der Papstwürde. Einem Besucher, den er generös und unbürokratisch behandelte, schärfte er ein: *Erzählen Sie das bitte nicht im Vatikan!*

8

Ein Mädchen berichtet aus Nazideutschland
und Bundesrat Motta glaubt ihm nicht

Im Sommer 1939 wird ein achtjähriges Kind aus einer Auslandschweizerfamilie im deutschen Saarbrücken mit Unterstützung des schweizerischen Jugendhilfswerkes Pro Juventute in die Ferien zu einer gastfreundlichen Arztfamilie im aargauischen Freiamt gebracht. Der Vater des Ferienkindes ist Schweizerbürger, die Mutter Deutsche. Das Mädchen hat zwei Schuljahre hinter sich und erzählt in spontaner Unbefangenheit von seinen Erlebnissen und Eindrücken zu Hause. Es schildert, wie man die Kreuze aus dem Schulzimmer entfernt, das Schulgebet abgeschafft und durch das Absingen des Deutschlandliedes, dazu des unvermeidlichen Horst-Wessel-Liedes (der Nazihymne) und des Hitlergrußes mit erhobener Hand ersetzt habe. Einmal beobachtete der junge Gast aus dem Reich auch eine Zusammentreibung von Juden, ohne das Gesehene einordnen zu können. Ihre jüdische Klavierlehrerin beneidete die Schülerin, als diese von ihrem bevorstehenden Schweizer Urlaub erzählte. Die Gasteltern, die im Übrigen das ihnen anvertraute Ferienkind herzlich behandelten, schüttelten ungläubig bis ungehalten den Kopf und wiesen das offene und ehrliche Kind zurecht. Die Pflegemutter war eine Tochter von Bundesrat Giuseppe Motta, dem langjährigen Schweizer Außenminister. Der hohe Herr war einmal auf Besuch, wo man ihm das «schwatzhafte» Mädchen vorstellte. Der sensible Feriengast erahnte das Fluidum von Autorität und Würde dieses Staatsmannes. Der Herr Bundesrat seinerseits ließ bei dieser insgesamt flüchtigen Begegnung ebenfalls indigniert das Mädchen spüren, dass er dessen Schilderungen für Gräuelmärchen und kindliche Phantastereien hielt, ließ aber zum Abschied ein Geschenk zurück. (Ein 1943 geborener Sohn dieses zweitjüngsten Mottakindes und Enkel des Bundesrates, ein promovierter Zürcher Jurist, hat später davon nichts erfahren.)

Die Rückreise des schulpflichtigen Kindes war für das erste Wochenende im September vorgesehen. Am Freitag, dem ersten 1. September 1939, überfiel Hitler Polen. Es begann der Zweite Weltkrieg. Die Abreise wurde vorerst verschoben. Das Mädchen kehrte nicht mehr nach Deutschland zurück. Die Eltern und die Geschwister mit Schweizer Bürgerrecht kamen nach. Der Vater mit Schweizerpass, der aber in Deutschland aufgewachsen war, leistete in der Folge militärischen Hilfsdienst in der Schweiz. Die Mutter, anfänglich vom Führer begeistert, später ernüchtert, war in zweiter Ehe mit dem Schweizer Staatsbürger verheiratet. Die Kinder aus erster Ehe waren Deutsche. Die Söhne wurden in die Wehrmacht eingezogen. Einer fiel in Russland, ein anderer blieb im Osten vermisst.

Eine kleine Episode, zweifellos. Aber die Geschichtsschreibung setzt sich aus einzelnen Ereignissen zusammen und ist ein Gemälde aus Mosaiksteinchen. Die erzählte Begebenheit ist eine Blitzaufnahme aus schweizerischem Alltag der unmittelbaren Vorkriegszeit. Man freut sich des Sommers, ist unter sich, aber die Anwesenheit einer jungen Auslandschweizerin aus dem unheimlich gewordenen, großen nördlichen Nachbarland stört unbeabsichtigt die häusliche Idylle in den gewitterschwangeren Sommermonaten 1939. Man möchte nicht zusätzlich beunruhigt werden. Was so ein Kind daherredet, kann doch wohl nicht ernst genommen werden. Unheilvolle Zeichen gibt es sonst genug. Aber man hat die Störsender von Zweifeln und Ängsten längst auf leise gestellt. Ganz ausschalten kann und will man sie doch nicht. Beruhigend und kühlend für das Freiämter Ehepaar ist der heiße Draht zum Bundeshaus in Bern. Der Vater und Schwiegervater, der hoch angesehene Bundesrat Motta mit seiner immensen außenpolitischen Erfahrung muss es wohl besser wissen. An wen sollte man sich halten, wenn nicht an ihn. Und er beschwichtigt im häuslichen Kreis seiner Verwandtschaft wie in der eidgenössischen Großfamilie.

Gewiss, wir wollen die Szene aus dem aargauischen Sins nicht überinterpretieren. Die Schilderung aus dem Mund des Ferienmädchens von einst, einer heute 75jährigen Frau, wirkt indes ungebrochen frisch, lebendig und echt, nicht durch die späteren Ereignisse filtriert. Sie bietet eine anschauliche Information über die seinerzeit verbreitete Gefühlslage und dient als Anknüpfungspunkt – wohlverstanden, nicht als Quelle – für diverse Elemente der Schweiz zur Zeit des Dritten Reiches: Die Verflechtung mit Deutschland, die schweizerische Außenpolitik und das katholische Milieu.

Mottas Maß für die Schweiz

Giuseppe Motta (1871–1940) war Tessiner. Aber aufgewachsen in Airolo, gehörte er fast auch ein wenig zur Urschweiz. Der angehende Jurist studierte in Freiburg i. Ü., in München und in Heidelberg. Er sprach auch fließend deutsch und französisch. Motta wurde 1911 als Konservativer in den Bundesrat gewählt. Die religiöse Bindung an die katholische Kirche saß tief, aber er hielt Politik und Kirche immer auseinander. Ab 1920 stand er ununterbrochen an der Spitze des Politischen Departements, wie das schweizerische Außenministerium damals hieß. Es war vor allem seiner Überzeugungskraft und seiner persönlichen Ausstrahlung zuzuschreiben, dass am 16. Mai 1920 das Schweizervolk den Beitritt zum «Völkerbund» beschloss. Der Völkerbund war der Versuch einer multinationalen Friedensordnung zwischen den beiden Weltkriegen, mit Sitz in Genf, ein Vorläufer der UNO nach dem Zweiten Weltkrieg. Es war ein Geburtsfehler, dass der Völkerbund vorerst den Beitritt der geächteten Verlierermächte ausschloss und damit nach der belasteten Friedenskonferenz von Versailles wiederum das Odium eines Kongresses der Sieger auf sich lud, was Motta von Anfang an missfiel. Die Beziehungen zu Italien und Deutschland lagen ihm besonders am Herzen. Die Verbundenheit mit der italienischen Kultur war eng und nahm auch nach der Machtübernahme Mussolinis 1922 keinen Schaden. Motta schätzte den Duce, stellte sich aber andrerseits entschieden gegen sogenannte «irredentistische» Forderungen faschistischer Formationen, das Tessin im geeigneten Augenblick Italien zuzuschlagen. Nach der italienischen Besetzung Äthiopiens 1935 musste Motta einen Spagat bewältigen zwischen der Solidarität mit den Strafmaßnahmen des Völkerbunds gegen das räuberische Italien einerseits sowie der schweizerischen Neutralität und seiner persönlichen Freundschaft mit Italien andrerseits. Es gelang ihm, die Sanktionen der Schweiz gegen den faschistischen Staat auf symbolische Gesten herunterzusetzen. 1938 kehrte die Schweiz unter Mottas Federführung zur integralen Neutralität zurück. Und auf Vorschlag Mottas anerkannte die Schweiz als erstes neutrales Land die Annexion Äthiopiens durch das faschistische Italien.

Motta passte 1938 seine Außenpolitik den neuen Machtverhältnissen an. Das darf aber nicht vorschnell als Duckmäusertum gegenüber Deutschland und Italien schlecht geredet werden. Durch den Austritt dieser beiden totalitären Staaten aus dem Völkerbund verlor dieser seine universale Ausstrahlung und Kompetenz. Der Völkerbund wurde faktisch Partei, und auf Frankreich und England, die ursprünglichen Stützen dieser internationalen Organisation, war kein Verlass mehr, wie sich das bei der Preisgabe der Tschechoslowakei zeigte. Der Völkerbund konnte so etwas wie eine kollektive Sicherheit, gerade auch für die kleinen Staaten, längst nicht mehr bieten.

Mit dem Deutschen Reich verbanden die Schweiz, abgesehen von den starken kulturellen Beziehungen der Deutschschweizer, vor allem wirtschaftliche Interessen, die in Motta, der Deutschland seit seiner Studienzeit bewunderte, einen beredten Anwalt hatten. Für die Erhaltung der Neutralität war Motta in der Folge fast zu allem bereit. Er ermunterte 1937 Alt-Bundesrat Schulthess zu einer Reise nach Berlin und einer Unterredung mit Hitler, der nun mit Mussolini das Bündnis der «Achse» schmiedete. Dass die profilierte Schweizer Presse in Deutschland verboten wurde, während die nationalsozialistische Propaganda ungehindert in der Schweiz ihre Wühlarbeit verrichten konnte, nahm er hin. Motta ermahnte die Zeitungsredaktoren, die übrigens viel schärfer als die französische und britische Presse Nazideutschland kritisierten, zur Mäßigung, konnte und wollte aber nichts dagegen unternehmen, wenn, um ein Beispiel zu nennen, ein Naziblatt hetzte, dass die verschiedenen Zürcher *Pressereptile die Großlogentrommel für den Oberfreimaurer und Judenknecht Benesch geschlagen* hätten. (Benesch war tschechoslowakischer Staatspräsident.) Der deutsche Einmarsch in Österreich im März 1938 und die Zerschlagung der Tschechoslowakei im Frühjahr 1939 führten den Altmeister der schweizerischen Diplomatie definitiv in die Enge. Sein politischer Zenith war überschritten, und er spielte immer mehr die Rolle eines defensiven Anpassers, vergleichbar mit dem britischen Premierminister Chamberlain, dessen «Appeasement» zu seinem Markenzeichen wurde, mit der Devise, den Frieden um fast jeden Preis zu retten. Allerdings hinderte die Bedrohung an der Schweizer Grenze Motta nicht, gelegentlich auch gegenüber dem Dritten Reich Standfestigkeit an den Tag zu legen. Aber der schweizerische Chefdiplomat geriet zunehmend auch innenpolitisch unter Beschuss. Ein Beispiel: Die kurzfristig erscheinende katholische Linkszeitschrift mit dem provokativen Titel *Entscheidung* kritisierte sarkastisch die schweizerische Außenpolitik und verglich Motta sinngemäß mit einem Schlummervater, der Schlafpülverchen aus der Reichsapotheke für eine ungestörte Nachtruhe verabreicht und ständig mahnt, ja alles zu unterlassen, was den *Hakenkreuzmann* reizen könnte. Der Bundesrat verteidige Folklore statt Substanz, wurde bitter vermerkt. Alphornklänge, Trachtentänze und Schwingerfeste dürften wir aber selbst als großdeutsche Provinz noch pflegen, weil daran auch die *Blut- und Bodengeister ihren Spaß haben.*

Alles in allem war aber das Schweizervolk durchaus dankbar für Mottas Beschwichtigungspolitik. Sie kam dem Wunschdenken entgegen. Die Kritik an ihm holte erst dann richtig aus, als nach Ende des Zweiten Weltkriegs alles vorbei war. Mottas Nachfolger im Außenministerium, Marcel Pilet-Golaz, im kritischen Jahr 1940 Bundespräsident, geriet noch mehr als Anpasser ins Schussfeld der Kritik – aber auch erst frontal, als die Niederlage Hitlerdeutschlands sich abzeichnete. Dafür leuchtete umso heller der Stern seines waadtländischen Landsmanns, des Oberbefehlshabers der Armee, General Henri Guisan. Unausrottbar halten sich im schweizerischen Geschichtsbewusstsein die holzschnittartigen Klischees vom «starken» General und dem «schwachen» Bundespräsidenten, obwohl unterdessen die wissenschaftliche Geschichtsschreibung ein differenzierteres Bild beider Männer gezeichnet hat. Aber im nationalen Mythos – und einen solchen gibt es über die Zeit des Zweiten Weltkriegs – gilt umformuliert die Volksweisheit: *Ist der Ruhm oder Ruin mal etabliert, wird er nimmer korrigiert.*

Als Bundesrat Motta, wie oben geschildert, im Sommer 1939 bei seiner Tochterfamilie vorbeikam, war er ein kranker Mann. Im März zuvor hatte er einen ersten Schlaganfall erlitten. Ohne die Phantasie überzustrapazieren, verhielt es sich vielleicht so, dass der gesundheitlich angeschlagene Magistrat überreizt war, sodass ihm selbst Äußerungen eines Kindes im privaten familiären Rahmen auf die Nerven gingen, wenn sie die Verwundbarkeit seiner offiziellen Strategie berührten. Wenigstens die Ohren zuhalten, wenn man die Augen nicht mehr verschließen kann. Das als *Reichskristallnacht* in die Geschichte eingegangene Pogrom an den Juden vom November 1938 war dem Chef des Auswärtigen sicher bekannt. Als am 2. September 1939 die schweizerische Kriegsmobilmachung zum bewaffneten Neutralitätsschutz angeordnet wurde, und England und Frankreich am 3. September Deutschland den Krieg erklärten, nachdem Hitler am 1. September Polen angegriffen hatte, war Mottas jüngste Friedensdiplomatie gescheitert und sein politisches Lebenswerk gefährdet, denn mit Kriegsbeginn war auch der Völkerbund, auf den er so viel gesetzt hatte, am Ende. Nach einem zweiten Hirnschlag im November, der Lähmungen zur Folge hatte, äußerte er die Absicht, aus dem Bundesrat zurückzutreten. Sein Parteifreund, Bundespräsident Etter, beschwor ihn, auf dem Posten auszuharren. Giuseppe Motta starb im Amt am 23. Januar 1940.

Motta hat mit dazu beigetragen, die Traumatisierung des katholischen Volksteils auf Bundesebene zu überwinden. Mit ihm wurde die Vertretung der konservativen Partei in der Landesregierung definitiv institutionalisiert. Ab 1919 reichte es für eine Zweiervertretung im Bundesrat, die bis Ende 2003 anhielt. Stand Motta mit seiner Herkunft aus dem Tessin für die katholische Bevölkerung der lateinischen Schweiz, verkörperte Philipp Etter ab 1934 im Bundesrat publikumswirksam den deutschschweizerischen Katholizismus. Mit ihm verbindet sich das Stichwort der «Geistigen Landesverteidigung» angesichts der ausländischen Bedrohung. So war die katholische Bevölkerung aller Landesteile nun fest in der Bundesregierung und im Bundesstaat verankert, wenn auch die nach wie vor dominierende freisinnige Majorität den konservativen Koalitionspartner wissen und spüren ließ, dass er bloß der Juniorpartner im Bündnis der vormaligen Erzfeinde war. Die neue und in der Geschichte der Schweiz stärkste Patriotismuswelle erhielt im Rütli ihren symbolischen Bezugsort, womit sich die katholischen Urkantone identifizieren konnten. Als am 1. August 1941 die 650-Jahrfeier der Eidgenossenschaft begangen wurde, schickte man das Feuer von der Rütliwiese aus in alle Kantone. Nur Eingeweihte wussten es und behielten es für sich, dass in einer geheimen Aktion der Holzstoß mit dem Ewigen Licht der Schwyzer Pfarrkirche entzündet worden war. Eine kleine katholische Verschwörung. Die Bruderklausenverehrung, die in den 1930er Jahren und im Zweiten Weltkrieg Auftrieb erhielt und schließlich 1947 in die Heiligsprechung mündete, stärkte zusätzlich das Selbstwertgefühl der Katholiken. Militante protestantische Kreise bezeichneten den Heiligen vom Ranft als *Trojanisches Pferd des Politischen Katholizismus.*

Scherbengericht über die Schweiz?

Die kritische Aufarbeitung der Schweizer Geschichte vor und während des Zweiten Weltkriegs setzte in den sechziger Jahren ein. Es wurde zunächst Bilanz gezogen zwischen Anpassung und Widerstand. Die Haltung der Schweiz angesichts des Holocaust (Judenvernichtung) kam in den neunziger Jahren intensiv auf die Tagesordnung, ausgelöst durch Schadenersatzforderungen aus den USA für überlebende Juden aus den unter nationalsozialistischer Herrschaft in die Schweiz gelangten Vermögenswerten. Eine heftige Kontroverse entbrannte, obwohl es schon während des Krieges und vermehrt seit den späteren fünfziger und sechziger Jahren an harten Worten über die schweizerische Flüchtlingspolitik vor und während des Krieges, eingefangen im Titel: *Das Boot ist voll,* nicht gefehlt hatte. Die 1938 von der Schweiz ausgehende Initiative, die Pässe der deutschen Juden zu kennzeichnen, was schließlich zum diskriminierenden «J» im Pass führte (womit auch Motta und die anderen Bundesräte einverstanden waren), und die faktische Schließung der Grenzen 1942 für Flüchtlinge auf dem Höhepunkt der Deportation und des Massenmordes an den Juden waren mehr oder weniger bekannte Tatsachen. (Schweizerischerseits wollte man während der Nazizeit einen Überblick über die verschiedenen Kategorien von Flüchtlingen haben – darum der Judenstempel – und verweigerte den Juden den Status von politischen Flüchtlingen. Erst 1944 dämmerte bei den zuständigen Bundesstellen die bessere Einsicht. Gleichzeitig sollte der wirtschaftliche Verkehr mit dem Dritten Reich möglichst reibungslos funktionieren.)

Die «Internationale Gemeinschaft», wie man heute sagen würde, hatte aber schon vor dem Krieg und vor dem Beginn des Völkermords an den Juden in der Flüchtlingsfrage versagt. Nach dem gewaltsamen Anschluss Österreichs im März 1938 verschärfte sich die Lage der Juden schlagartig. Allein in Wien lebten 170 000 Juden. Auf Vorschlag von US-Präsident Roosevelt trat im Juli 1938 in Evian am französischen Gestade des Genfersees eine multinationale Konferenz zusammen, die erfolglos das jüdische Flüchtlingsproblem diskutierte und mit einem Fiasko endete. Die USA hatten zu Beginn der Verhandlungen die Bereitschaft signalisiert, jährlich rund 27 000 Juden aufzunehmen. England und das Commonwealth könnten keine Juden übernehmen, da sie übervölkert seien, gab der britische Vertreter zu verstehen. Frankreich erklärte sich bereit, etwas zu tun, tat dann aber nichts. Die Niederlande würden Juden unter der Bedingung hereinlassen, dass die jetzt vorhandenen Flüchtlinge das Land verließen. Australien wollte sich kein Rassenproblem aufhalsen. Kanada schützte wirtschaftliche Depression vor, und die Lateinamerikaner verwiesen auf hohe Arbeitslosigkeit. Die Schweiz machte auch keine gute Figur. Vertreten durch den Chef der Fremdenpolizei, Heinrich Rothmund, lehnte sie sogar als einziges europäisches Land jede weitere Mitarbeit ab. Sie war der amerikanischen Initiative mit Vorbehalten begegnet und wollte ihrerseits für flüchtige Juden bloß Transitland bleiben. Das Debakel der Konferenz von Evian war ein gewaltiger Propagandaerfolg für die Nazis, indem diese vor aller Welt bestätigt sahen, dass niemand die Juden wolle. Israelische Historiker weisen darauf hin, dass jüdisch-zionistische Gruppierungen nicht ganz unschuldig am Scheitern von Evian waren, weil sie die finanziellen Zuwendungen für die Auswanderung in den geplanten jüdischen Staat in Palästina nicht gefährden wollten.

Die Schweiz sah sich nun aber Mitte der neunziger Jahre plötzlich schonungslos an den Pranger gestellt. Sie habe die Vergangenheit verdrängt; nun hole diese sie ein. Der umfangreiche «Bergier-Bericht» von 1999 über den schweizerischen Umgang mit Flüchtlingen zur Zeit des Nationalsozialismus, welcher das Resultat der von Parlament und Bundesrat 1996 beschlossenen und beauftragten, unabhängigen Expertenkommission darstellt, fällt ein insgesamt kritisches Urteil über diesen Ausschnitt der Schweizergeschichte. Dieses, wie vorauszusehen war, umstrittene Untersuchungsergebnis wurde 2006 in einem vom offiziellen Zürich lancierten, ebenfalls umstrittenen Lehrmittel für den Geschichtsunterricht an Oberstufen mit dem Titel *Hinschauen und Nachfragen* verarbeitet. Die Emotionswellen gingen und schlagen immer noch hoch, wenn direkt oder indirekt der schweizerische Widerstandswille und die Leistung der Armee in jener Sturmzeit hinterfragt werden.

Unterdessen erhalten die Bergier-Kritiker Unterstützung aus amerikanischer Sicht. Neuere Publikationen stellen der Schweizer Armee und Armeeführung ein gutes Zeugnis aus. Zitiert wird aus dem Kondolenzschreiben des US-Präsidenten Dwight D. Eisenhower zum Tod General Guisans im Frühjahr 1960. Der ehemalige amerikanische General aus dem Zweiten Weltkrieg urteilte über die Schweizer Armee: «Kaum je während meiner ganzen militärischen Karriere habe ich eine perfekter ausgebildete Truppe gesehen». Balsam für die Gescholtenen.

Es steht den US-Amerikanern ohnehin nicht an, der neutralen Schweiz schlechte Noten für ihr Verhalten auszuteilen. Auf die verhängnisvolle Politik, die ab 1936 zum Krieg führte, hatte die Schweiz wie andere kleine Staaten auch nicht den geringsten Einfluss. Der Zusammenbruch Frankreichs im Juni 1940 und die damit verbundene Einkreisung der Schweiz durch die Achsenmächte schnürte der schweizerischen Neutralität die Luft ab. Die USA hielten sich ihrerseits lange aus dem Krieg heraus und traten erst in diesen ein, als sie im Dezember 1941 von den Japanern angegriffen wurden und von Hitler darauf die Kriegserklärung erhielten. Schlüsselindustrien der Vereinigten Staaten von Amerika, die nie von den Achsenmächten umzingelt waren, unterstützten das nationalsozialistische Deutschland ohne wirtschaftliche Not oder sicherheitspolitischen Druck noch über den Kriegsbeginn hinaus. Übrigens hatte die öffentliche Meinung der Schweiz und ihre Presse, wie schon erwähnt, die unbezähmbare Aggressionspolitik Hitlers längst klarer erfasst als die alten westlichen demokratischen Großmächte und begriffen, dass man es beim deutschen Diktator und dem italienischen Duce mit unheilbar Verrückten zu tun hatte, wie es eine Einlage des zürcherischen Polit-Cabarets Cornichon schon vor dem Krieg im April 1939 auf die Kleinbühne brachte. Eine recht freche Nummer, welche freilich alsbald die schweizerische Zensur vom Spielplan absetzte.

Um ein objektives Urteil zu fällen, bedarf es der Distanz. Eine Binsenwahrheit, die auch für die Geschichtsschreibung gilt. Allerdings besteht keine Garantie, dass spätere Generationen ein gerechteres Urteil über ihre Vorfahren fällen, als diese über sich selbst. Die «Aktivdienstgeneration» fühlt sich nicht nur verletzt, wenn sie den Beitrag der Armee zur Friedenssicherung zu wenig gewürdigt sieht. Sie bemängelt auch, dass man sich von der heutigen Wohlstandswarte aus in die Zeit von damals zu wenig einfühlt. Diese bedrückten Jahre mit ihren allgegenwärtigen Einschränkungen, dem permanenten Sorgen und Sparen, den unsicheren Arbeitsplätzen und langen militärischen Ablösungsdiensten. Was auch zu wenig gewichtet wird, war der kriegsbedingte Abbau der Demokratie durch das bundesrätliche «Vollmachtenregime» und die Drosselung der Pressefreiheit durch die Zensur. Zum Ganzen kommt, dass man sich über den Ausgang des Krieges keineswegs im Klaren sein konnte, geschweige denn über dessen Länge. Im Gegenteil. Im schwülen Sommer 1940, nach dem Kollaps Frankreichs, war der Schock groß und die Meinung weit verbreitet, dass trotz andauerndem britischem Widerstand die Schlacht auf dem Kontinent geschlagen sei und man sich auf Dauer auf eine «Pax Germanica», einen deutschen Gewaltfrieden einstellen müsse. Und noch 1943 hielten manche einen deutschen Endsieg für möglich.

Ein Rätsel gibt die späte Sensibilisierung für den Genozid an den Juden auf. In Geschichtsbüchern für Mittelschulen beispielsweise stand schon in den fünfziger Jahren schwarz auf weiß geschrieben, dass ungefähr sechs Millionen Juden ermordet wurden. Aber niemand nahm daran Anstoß, wenn ein Lehrer seine Klasse mit der rhetorische Frage zur Disziplin aufrief: *Sind wir denn in einer Judenschule!* Und in Rekrutenschulen wurde ungestraft eine bestimmte Fleischkonserve als *gestampfte Juden* etikettiert. Der Antisemitismus solcher Sprüche war aber wohl den meisten gar nicht bewusst.

Durch die neuere Debatte wurden vornehmlich auch die christlichen Kirchen zur Rechenschaft über ihr Denken und ihre Praxis in unheilvoller Zeit aufgefordert. Sie hatten sich dabei kaum groß unterschieden. Die gängige antijüdische oder zumindest judenskeptische Einstellung war konfessionsübergreifend und gang und gäbe. Der rassistische Antisemitismus hatte in der katholischen Kirche keine Abnehmer, und Pius XI. hatte diesen 1937 in seiner Enzyklika gegen den Nationalsozialismus *Mit brennender Sorge* unmissverständlich als neuheidnisch verurteilt. (Getaufte Juden waren kirchlich eingebürgert und gleichberechtigt.) Man presste die Juden in die alte, theologisch unhaltbare und simple Schablone, sie würden mit der Schuld am Tod Christi bis zum Ende der Zeiten gebrandmarkt bleiben. Einst zum Gottesvolk auserwählt, als «Gottes erste Liebe» heiß umworben, hätten die Verantwortlichen das Bündnis aufgekündigt, und die christliche Kirche habe als neues Bundesvolk die ausgeschlagene Erbschaft Israels angetreten. Der Ausstieg aus dem Angebot Jesu habe für die Juden einen neuen, aber nicht mehr zielgerichteten Exodus eingeleitet – ein Auszug ohne Ende. Heimatlos geworden, würden sie umherirren, ohne Perspektive, sich überall einnistend, mal gefragt, mal geschubst. Das Ziel wäre die Bekehrung, nicht die Beseitigung. Aber da sie sich der Umkehr aufs Ganze versagten, blieben sie mit verhüllten Augen und verschlossenen Ohren nach Gottes unerforschlichem Ratschluss in einer Art Reservat aufbewahrt. Gott wolle trotz allem den *Juden als ewigen Juden*. Dieser stehe gleichsam unter heilsgeschichtlichem Denkmalschutz, lege ungewollt Zeugnis für Verblendung und Verstocktheit ab, bleibe auch als abschreckendes Beispiel und Warnung für die Christenheit erhalten. So lautete die damals gängige christliche Vorstellung über das Judentum. Bei aller Entzweiung waren sich Christen und Juden dennoch immer ihres gleichen Ursprungs bewusst.

Dann treten auch im spezifisch christlichen Denken und der davon geprägten Gesellschaft die stereotypen Vorurteile und Vorwürfe auf, die da sind: Die Juden seien eben Fremdlinge und schädliche Fremdkörper in und an der Gesellschaft, trieben ihre dunkeln Finanzgeschäfte, schlichen sich verführend und zersetzend in die Künste, in die Literatur, ins Theater und neuerdings in den Film ein. Ihr ruheloses und Unruhe stiftendes Denken und Gebaren stehe hinter dem Marxismus, der mit seiner bolschewistischen Revolution Gott und der Welt den Krieg erklärt habe und die Menschheit mit einem nochmals neuen und diesmal verheerenden Exodus überziehen wolle. Gerade die Unterstellung, der Kommunismus sei im Grunde ein jüdisches Erzeugnis, beschäftigte die Diskussion auch gehobener, dezidiert christlicher Zirkel der 1920er Jahre auch in der Schweiz, wenn es um die «Judenfrage» ging. Es war durchaus akademisch salonfähig, von der «Verjudung» im Geldhandel und in der Geistesproduktion zu reden und zu schreiben. Das Zürcher Schauspielhaus durfte man «ruhig» als «Klein-Jerusalem» bezeichnen. Und es wurde das Gespenst der speziell verachteten «Ostjuden» mit ihrem «kleinkrämerischen Unwesen» an die Wand gemalt. Damit wurde aber auch die Grenze zwischen quasitheologischem Antijudaismus und Rassenantisemitismus fließend. Die vermeintlich «parasitäre und zersetzende Wirkung» der Juden war für Christenmenschen und Nationalsozialisten evident. Für die Nazis kam sie aus der Abstammung, für die Kirchenchristen aus der Ablehnung Christi.

Die ideologisch verbissenen Nazis sahen im «internationalen Judentum» den heimlichen Drahtzieher für den Bolschewismus Moskaus und die «Plutokratie» in New York, gegen den das nationalsozialistische Deutschland einen erbitterten und heldenhaften Abwehrkampf zur Rettung des «Abendlandes» führe. Dass im Zweiten Weltkrieg freiwillige Verbände der Waffen-SS aus Belgiern, Niederländern, Franzosen, Skandinaviern und auch einigen Schweizern im «Endkampf zweier um ganz Europa ringenden Lebensauffassungen» ihr Leben einsetzten, verleitete nach dem Krieg ewig Gestrige zur verstiegenen und blöddreisten Behauptung, dass der europäische Gedanke bei den SS-Truppen entwickelt worden sei. Das schrieb kein Geringerer als der gefeierte deutsche Panzergeneral Heinz Guderian.

Religiös verbrämte Naziideologie und kirchlicher Protest

Die Nazigrößen waren zwar unterschiedlich antisemitisch getrimmt. Und auch ihre diesbezügliche Ideologie war nicht gleichgeschaltet. Selbst Hitler mit seinem unerbittlichen Hass auf die Juden fand das Buch seines «Chefideologen» Alfred

Rosenberg, *Der Mythus des 20. Jahrhunderts*, schwer verständlich, und so blieb dessen Parteidogmatik, bestenfalls angelesen, weitgehend im Gestell. Rosenberg wollte die «Sehnsucht der nordischen Rassenseele» in einer «Deutschen Volkskirche» aufgehen sehen. An Stelle von Marienstatuen müssten Kriegerdenkmäler stehen. Statt «alttestamentlicher Zuhälter- und Viehhändlergeschichten» sollten nordische Sagenmärchen vorgetragen werden. Rosenberg war überzeugt, «dass das nordische Blut jenes Mysterium darstellt, welches die alten Sakramente ersetzt und überwunden hat». Christus hätte zwar auch Platz in einem rein arischen Kosmos, aber nicht mehr als der Gekreuzigte, sondern als nicht-jüdischer Messias, «schlank, hoch, blond», der zum «lehrenden Feuergeist» führt. (Unter der christlichen Ahnengalerie ließ Rosenberg einzig den mittelalterlichen Meister Eckehart gelten, dessen mystische Seelenlehre er pantheistisch interpretierte.) Die Auseinandersetzung mit Rosenbergs «Mythus» führte die beiden christlichen Großkirchen in Deutschland, die sich als Sachwalter des «nun schon ins 20. Jahrhundert dauernden und für alle Zeit unvergänglichen, heiligen Buches des Neuen Testamentes» verstanden, näher zusammen – eine zarte ökumenische Saat, die während des Krieges in Gefängnissen und Konzentrationslagern Nahrung erhielt, aber erst nach 1945 aufgehen sollte.

Die Kirchen waren im Dritten Reich die einzige ernstzunehmende, nicht gleichgeschaltete Größe und Kraft, die Hitler gezwungenermaßen respektierte. Von geschlossenem und klarem Widerstand der Kirchen kann keine Rede sein, aber sicher – nach der Formulierung eines Kirchenhistorikers – von «teilweise abweichendem Verhalten». Mit Blick auf das Zeugnis der evangelischen «Bekennenden Kirche» und die weit verbreitete katholische Immunität gegen den Nazibazillus ist das vielleicht doch etwas untertrieben. Hitler ließ den Parteifürsten zwar einen begrenzten Freilauf für antikirchliche Ausfälle, aber die Schlussabrechnung mit den Kirchen behielt er sich für die Zeit nach dem «Endsieg» vor. So durften Theologen und Kirchenblätter insgesamt ungestraft Kritik an Rosenbergs antichristlicher und mehr noch kirchenfeindlicher Ideologie üben. Im Übrigen haben päpstliche Kurie und Bischöfe, die den «Mythus» auf den Index der verbotenen Bücher setzten, den Einfluss dieses auf weite Strecken abstrusen Buches überschätzt. Das Gros der Parteigenossen blieb den traditionellen kirchlichen Kasualien wie Taufe, Eheschließung und Beerdigung treu. Wie auch immer. Die erfolgreiche Ablehnung dieser Philosophie des Antichrists durch die vielen Mutigen würde uns heute noch mehr Bewunderung abverlangen, wenn die Kirchenmänner auch gegen das Judenpogrom der sogenannten «Reichskristallnacht» 1938 und erst recht gegen den mit der Wannseekonferenz beginnenden Massenmord ihre Stimme erhoben hätten. Die Kirchen führten eine geharnischte «Weltanschauungsschlacht» gegen den «Parteipapst». Aber ihre Opposition blieb auf halbem Weg stehen. Sie wies zwar klar und eindeutig den Totalitätsanspruch des Dritten Reiches auf dem Weltanschauungssektor zurück. Aber mit Kritik an der politischen Praxis der nationalsozialistischen Diktatur, die auch die Slawen zu menschlichem «Schrott» deklassierte und entsprechend behandelte, hielt sie sich zurück.

Sicher gab es bei all dem eine Grenze. Der christlich akzentuierte Umgang mit Juden propagierte zwar deutlich eine *Abgrenzung*, praktizierte nicht selten auch eine *Ausgrenzung*, hatte aber keine *Ausrottung* im Sinn. Dies war auch der nationale Konsens der Schweizerbevölkerung, wie er sich aus Kommentaren offizieller wie privater Natur zwischen 1933 und 1945 erschließen lässt.

Kaum jemand nimmt heute noch zur Kenntnis, und es wird auch so gut wie nicht zur Kenntnis gebracht, dass wenige Jahre vor Beginn der großen Drangsal der europäischen Juden im Jahr 1926 ein Verein der «Amici Israel» gegründet worden war, ein sensationell neuartiges Phänomen in der Geschichte der katholischen Kirche. 1927 gehörten der Bewegung 19 Kardinäle, 278 Erzbischöfe und Bischöfe und um die 3000 Priester an. Prominentestes Mitglied in Deutschland war der Erzbischof von München, Kardinal Michael Faulhaber, der anfänglich Hitler auch positive Seiten abzugewinnen wusste, aber später initiativ und federführend hinter der Enzyklika «Mit brennender Sorge» von 1937 stand. Die «Freunde Israels» strebten ein neues Verhältnis zwischen Christen und Juden an. «Pax super Israel» (Friede über Israel) war der Titel ihrer Zeitschrift, in lateinischer und hebräischer Fassung überschrieben. Die «Amici» forderten Ende der 1920er Jahre die Abschaffung der Karfreitagsfürbitte «Pro perfidis Judaeis» in der katholischen Liturgie und die Bekämpfung der Rede von den «Gottesmördern». Sie propagierten nicht Konversionen jüdischer Einzelpersonen. Ihr Anliegen war die «Rückführung» des jüdischen Volkes als ganzes im Sinn der Vision des Paulus von der einen Kirche aus «Juden» und «Heiden» (wobei zu den «Heiden» alle Nicht-Juden gehören) und der endzeitlichen Heimholung des israelitischen Bundesvolkes, von dem Gott die Verheißung nie zurückgenommen hat. Es war bedauerlich, dass sich das vatikanische «Heilige Offizium», welches auf die individuelle Bekehrung von Juden setzte, bereits 1928 gegen den Verein stellte. Dieser Schritt wurde zwar insofern abgemildert, als die oberste römische Glaubensbehörde – gewiss nicht zufällig – gleichzeitig mit dem Vereinsverbot erstmals den rassistischen Antisemitismus verurteilte, um Missverständnissen vorzubeugen und unerwünschten Applaus abzuwehren. Aber leider verstummten die doch eigentlich zahlreichen «Freunde Israels» nach 1933.

Dass hingegen nach dem Zweiten Weltkrieg noch gut anderthalb Jahrzehnte verstrichen, bis Papst Johannes XXIII. das Wort von den *perfiden Juden* aus der Karfreitagsfürbitte strich, erstaunt. Die definitive Kehrtwende brachte im Jahr 1965 das Zweite Vatikanische Konzil mit der sogenannten

«Judenerklärung», in der das böse Wort vom *Gottesmord* und von der Verwerfung der Juden getilgt, jede Form von Antisemitismus aufs schärfste verurteilt und die fortbestehende Erwählung der Juden offiziell und feierlich kirchlich festgeschrieben wurde.

9

Ein ökumenisches Startsignal:
Das «Stanser Verkommnis» von 1947

Nach dem mörderischen Dreißigjährigen Krieg (1618–1648) hatten die Menschen die selbstzerfleischenden und mit horrendem Hexenwahn einhergehenden konfessionellen Konflikte satt und sehnten sich nach Frieden und Harmonie. Aufklärung und Toleranz stiegen aus dem unheilvollen Sumpf. Nach dem dreißigjährigen Krieg des 20. Jahrhunderts (1914–1945) zwischen den «christlichen» Staaten näherten sich die Konfessionen und Kirchen einander an. Das Ende des Zweiten Weltkriegs gab der Ökumene, die bereits nach dem Ersten Weltkrieg hoffnungsvoll gestartet war, neuen Auftrieb. Während der Phase nach 1918 gingen die Reformationskirchen aufeinander zu. Nach 1945 schlug die ökumenische Stunde auch in der katholischen Kirche, wenn auch vorerst bei der «Basis». Zum Beispiel in der deutschen Schweiz.

Von Sigriswil am Thunersee nach Stans

Im Spätherbst 1945 hielt der reformierte Pfarrer Richard Kraemer in Sigriswil eine Predigt zum Reformationssonntag, fernab von Hurra-Protestantismus, sondern getragen von der Hoffnung auf die Einheit der Kirchen in Christus. Diese Predigt bekam Otto Karrer in Luzern zu lesen. Karrer, aus dem Schwarzwald stammend, war seinerzeit eine Nachwuchshoffnung bei den Jesuiten. Nach einer beruflichen und wissenschaftlichen Krise schnupperte er in einem evangelischen Predigerseminar in Nürnberg, um bald wieder zur Einsicht zu kommen, dass daselbst doch nicht sein Platz wäre. Da es sich bei Karrer um einen Priester handelte, wog sein «Abfall» besonders schwer. Die Rekonziliation und Wiederzulassung zu seinen priesterlichen Funktionen war ein langer Weg und ein schmerzlicher Prozess. Und er blieb auch von Rückschlägen nicht verschont. Aber aus dieser leidvollen Episode nahm er das Anliegen der Ökumene mit und trug es weiter.

Otto Karrer zog mit Mutter und Schwester in die Schweiz. Er fand im Luzernischen eine neue menschliche Heimat, arbeitete als frei schaffender Schriftsteller und Seelsorger, argwöhnisch beäugt von glaubenswächterischen Exponenten der Theologischen Fakultät Luzern. Eine neue kirchliche Heimat gewährte ihm der Bischof von Chur, Georgius Schmid von Grüneck, der ihn in seinen Klerus aufnahm.

Im Januar 1946 kam Otto Karrer ein erstes Mal nach Sigriswil zu einem Treffen mit Pfarrer Kraemer und seiner Frau. Beide Seiten brachten Gesinnungsfreunde mit. Der rasch wachsende ökumenische Zirkel aus Theologen und Laien traf sich bald regelmäßig, meist am Thunersee, wo auch die Kapuzinerniederlassung in Spiez Räume zur Verfügung stellte, gelegentlich auch in Luzern. Die Zusammenkünfte erschöpften sich keineswegs im Austausch von Freundlichkeiten. Man packte ungesäumt den Stier bei den Hörnern und ging die Kernthemen an: Wort und Sakrament, Schrift und Tradition und natürlich die dornenreiche Amtsfrage. Im lutherisch-reformierten Urthema der Rechtfertigung verstand man sich bezeichnenderweise am leichtesten. Die reformierten Teilnehmer anerkannten den Wert von guten Werken, und die katholischen hinterfragten kritisch die Werkgerechtigkeit. Wichtig für Eintracht und Zusammenhalt wurde die Erfahrung des gemeinsamen Betens.

Bereits im Mai desselben Jahres überrumpelte Richard Kraemer, der seine Sendung als spiritualistisch-überkonfessionelles Priestertum empfand, Otto Karrer mit dem Wunsch, den katholischen Freunden das Abendmahl reichen zu dürfen. Karrer konnte sowohl aus theologischen als auch kirchenpolitischen Bedenken darauf nicht eingehen. Er hätte auch seine neu gewonnene priesterliche Existenz aufs Spiel gesetzt, und diesmal wohl für immer.

Noch im Sommer 1946 entstand eine ökumenische Gruppe in Zürich, im Herbst 1947 folgten neue Gründungen in Bern und Basel. 1950 formierten sich ökumenische Zirkel in Genf, Zug und Olten, und 1951 folgte Luzern. Auch zur deutschen «Una-Sancta-Bewegung», einer Schöpfung des von den Nazischergen hingerichteten Priesters Max Josef Metzger, wurden Beziehungen geknüpft. Die Schweizer Initiative zog Kreise. Karrer wurde es allmählich unwohl, ohne kirchenamtliche Rückendeckung dazustehen. Die reformierten Gesprächspartner ihrerseits waren misstrauisch gegen jede auch nur entfernte katholische Aufsicht und Reglementierung. Karrer fand in Bischof François Charrière in Freiburg i. Ue. Verständnis und Förderung. Über diese Instanz wurde auch ein lockerer Kontakt mit Rom hergestellt. Die reformierten Teilnehmer spürten nichts davon, und die katholischen wussten, dass man von ihren amtlichen Stellen keine Konvertitenmacherei erwartete, was für Karrer völlig inakzeptabel gewesen wäre.

Es wurde ein weiterer Schritt, und diesmal in eine größere Öffentlichkeit geplant: eine Tagung für den Sommer 1947, zu der auch Gäste eingeladen werden sollten. Man kam auf Stans, weil die dortigen Kapuziner mit ihrem Mittelschulkollegium, das in den Sommerferien freistand, die organisatorischen Voraussetzungen brüderlich und unkompliziert lösten. Stans bot sich zudem aus historischen Gründen speziell gut an. 1481 löste die Bundeskonferenz der Eidgenossen, genannt Tagsatzung, die Spannungen zwischen Städte- und Länderorten, und durch Vermittlung des vorreformatorischen Heiligen Bruder Klaus konnte ein drohender schweizerischer Bürgerkrieg verhindert werden.

Spannungsfrei gingen die Vorbereitungen auch für dieses neue Stanser Ereignis keineswegs ab. Dass eine Abendmahlsgemeinschaft, beziehungsweise Eucharistiegemeinschaft nicht in Frage kam, war allen klar. Aber wie nahe konnte und durfte man einander kommen? Es zeichnete sich eine Ideenkoalition zwischen Karrer und Kraemer und damit den Bernern ab. Man besucht sich anlässlich der Tagung gegenseitig. Die Katholiken nehmen als Beobachter am reformierten Abendmahlsgottesdienst teil, und die Reformierten besuchen die Messe, ohne dabei zu kommunizieren. Die Zürcher Teilnehmer verlangten vollständig getrennte Feiern. Alles andere wäre nur ein Tun als ob. Die Karrer-Berner-Allianz entgegnete, dass damit ja nur das landauf landab Gewohnte praktiziert würde, so dass man gar nicht erst zusammenzukommen bräuchte, um das zu demonstrieren. Die Zürcher lenkten anscheinend nicht ein – die Quellen weisen diesbezüglich Lücken auf –, sodass tragischerweise eine innerreformatorische Differenz nicht überwunden werden konnte. Durchgeführt wurde das von Karrer und Kraemer getragene Modell des wechselseitigen Besuchs, wogegen auch amtliche katholische Stellen nichts einzuwenden hatten.

Trotz dieser getrübten Vorbereitungen wurde das Wagnis der Stanser Tagung vom 15. bis 17. Juli für alle Anwesenden ein eindrückliches Erlebnis, das ein katholischer Teilnehmer aus Basel im Nachhinein als «Ökumenisches Stanser Verkommnis» bezeichnete, in Erinnerung an das Stanser Verkommnis von 1481.

Otto Karrer hatte gerade auf Grund solcher Erfahrungen die Überzeugung gewonnen, dass die Crux um die Abendmahlsgemeinschaft nicht im verschiedenen Verständnis der Eucharistie liege, sondern in der Frage der Legitimation der Vorsteherschaft und letztlich der Apostolischen Sukzession. In seinem Memorandum zum Zweiten Vatikanischen Konzil machte er 1959 – unter der Voraussetzung einer gemeinsamen Glaubensbasis – im Sinn einer Pionierleistung folgenden Vorschlag:

Römisch-katholische, orthodoxe, altkatholische und anglikanische (evt. schwedische) Bischöfe könnten einander im Namen des Hl. Geistes gegenseitig die Hände auflegen in einem doppelten Sinne: als Zeichen des Friedens und mit der Intention, ‹wenn du noch nicht geweiht bist›..., ähnlich wie bei der unter Vorbehalt gespendeten Taufe bei Konvertiten. Nach dieser gegenseitigen Handauflegung könnten die anglikanischen und schwedischen Würdenträger ihrerseits ihren Priestern unter gleichem Vorbehalt die Weihe erteilen. So bräuchte niemand an der Gültigkeit seiner Weihe zu zweifeln; und aus Liebe zu Christus und seiner Kirche könnten sie sich das Zeichen charismatischer und sakramentaler Einheit geben.

Karrer ließ in seinem Gutachten offen, ob sich dieses Verfahren auch auf lutherische und reformierte Pastoren anwenden ließe. Seine originelle Idee für eine Ämtersanierung zog keine Kreise. Und über das, was die frühen Visionäre in kleinen Kreisen erarbeitet haben, ist die Ökumene auch in großen Gremien nicht wesentlich weiter gekommen.

10

Geschichtslegenden: Johannes XXIII. und das II. Vatikanische Konzil

Der «Übergangspapst», der am 28. Oktober 1958 zum Pontifex gewählte Patriarch von Venedig, schlug mit schelmischer Freude, aber auch mit schlotternden Knien seinen überraschten Wahlmännern ein Schnippchen. Die Rache der Überrumpelten erfolgte prompt. Das eisige Schweigen der anwesenden Kardinäle bei der Ankündigung des Konzils am 25. Januar 1959 kühlte die Begeisterung des Papstes nach seinem feierlich inszenierten Überraschungscoup augenblicklich ab und dämpfte den Mut, der ihn eben erst mit fröhlicher Zuversicht zur Improvisation animiert und beflügelt hatte. Wenn das Konklave im Oktober 1958 das Vorhaben des künftigen Papstes auch nur im Entferntesten geahnt hätte, wäre Roncalli vermutlich nicht gewählt worden. Obwohl im Nachhinein Kardinal Alfredo Ottaviani, der Chef des Sanctum Officium, das heißt der obersten Glaubensbehörde, und spätere Intimfeind des Konzils, seinem Kardinalskollegen Angelo Giuseppe Roncalli während des Konklaves die Konzilsidee eingeflüstert haben wollte.

Zustimmung zum Konzil erreichte den Papst aus der Ferne, vor allem aus dem mitteleuropäischen deutsch-französischen Sprachraum, bei Priestern und Laien. Denn auch der Weltepiskopat zeigte sich vorerst wenig beeindruckt bis skeptisch, und selbst einen Theologen wie Karl Rahner beschlichen spontan ungute Gefühle aus der Befürchtung heraus, dass ein künftiges entscheidungsfreudiges Konzil den Theologen noch mehr Maulkörbe verabreichen könnte. Seine Angst war nicht unbegründet. Er hatte Mitte der fünfziger Jahre seine bitteren Erfahrungen gemacht wegen einer geplanten Publikation zum Thema der Aufnahme Marias in den Himmel. Das Manuskript geriet in die ordensinterne und in die römische Mange der Zensur. Das lange Warten zermürbte ihn. Der Innsbrucker Mitbruder Emerich Coreth schreibt aus der Erinnerung über Karl Rahner: *Unglücklich war ich über seine ständige Kirchenkritik. Manchmal hat er schon beim Frühstück angefangen, auf die Kirche zu schimpfen.* Hugo Rahner machte sich ernste Sorgen über das spirituelle Durchhaltevermögen seines Bruders, der zu verbittern drohte, und schrieb dem seelisch Schwerverletzten am 18. Februar 1955 einen Brief aus Rom. Bruder Hugo kannte sich besser aus *in den lächerlichen, aber halt nun einmal gefährlichen Anwürfen aus dem Sanctum Officium hier an der Kurie.* Aber es machte Hugo unruhig, dass es in Rom hieß, Karl sei *ein stur gewordener Antirömer.* Und so meinte er, ihn ermahnen zu müssen: *Bitte, revidiere doch einmal Deine sicher langsam sklerotisch gewordene Antipathie gegen alles ‹Römische›.* Dies geschah noch tief in der Ära Pius' XII. Aber man versteht, dass Karl Rahner bei der Ankündigung des Konzils keineswegs frohlockte. Vielmehr fürchtete er, ein Konzil könnte mit ihm und anderen Theologen aufräumen und ihre Schriften hochoffiziell verurteilen. Aus solch ängstlicher Sorge schaffte Karl Rahner mit der Formulierung *Über das drohende oder in Aussicht stehende Konzil* seinem Bedenken und seinem Ärger Luft. Später änderte Rahner seine Meinung und stellte sich in die Mitte gegen die Konzilseuphoriker, aber auch gegen die Kleinkarierten.

Dafür schlugen die Wogen der Begeisterung und freudigen Erwartung bei der «Basis», am Beispiel der Deutschschweiz gemessen, umso höher. 1869 hatte man umgekehrt vielerorts qualvoll ungehalten, in gespannter Abwehrbereitschaft dem Konzil entgegengefiebert. Niemals in der Geschichte der katholischen Kirche gab es so viel Zustimmung zu Papst und Universalkirche wie in der Zeit von 1959 bis 1962, zwischen Ankündigung und Anfang des Konzils.

Was wollte der Papst? – Mehr Idee als Konzept

Wie ein Konzil ablaufen sollte, davon hatte niemand eine Ahnung. Außer dass die Verhandlungssprache Latein sein müsse, obwohl die Kenntnisse der Kirchensprache auch bei vielen führenden Kirchenmännern bröckelten. Aber wie soll eine Versammlung von rund 2500 Bischöfen, die sich über die jeweiligen Landesgrenzen hinaus kaum kennen, über die Bühne gehen? Der Papst, von dem alles ausging, gab wenig vor. Pastoral sollte die Kirchenversammlung ausgerichtet sein, keine Dogmen sollen proklamiert, aber auch keine Verurteilungen vorgenommen werden. Das war nicht wenig, aber damit noch nicht konkret. Das hübsche päpstliche Wort vom «Aggiornamento», das überall die Runde machte, war mehrsinnig. Im privaten Gespräch lehnte sich Johannes weit aus dem Fenster. Roger Schutz, der reformierte Prior der Kommunität von Taizé, berichtete Yves Congar, was der Papst ihm unter vier Augen gesagt habe: *Die katholische Kirche besitzt nicht die ganze Wahrheit. Man muss zusammen suchen.*

In dieser Planlosigkeit des Papstes lag durchaus ein Plan, nämlich die Bischöfe zur Eigeninitiative anzuregen. Aber solches waren sie längst nicht mehr gewohnt. Glieder und Muskeln, die man lange nicht mehr gebraucht hat, brauchen ein neues Training. Der Episkopat war gegenüber der katholischen Kapitale zum Befehlsempfänger degradiert worden, und die Bischöfe ließen sich das gefallen. Es enthob sie auch eigener Verantwortung. Man verfügte über die eingespielte Routine, den römischen Direktiven nachzukommen. War denn nicht eigentlich unter Pius XII. alles geordnet und gesagt worden, zu allem und jedem? Was gab es da noch zu verhandeln. Und nun sollten sie plötzlich Eingaben machen. Johannes XXIII. wollte sie ehrlich aus der Lethargie herausreißen und Eigeninitiativen fördern. Längst nicht alle kamen der Aufforderung nach. Und die es taten, wirkten oft hilflos, flüchteten auf dogmatische

Nebengeleise, die bei früheren Rangiermanövern befahren worden waren, oder versuchten einfach zu erraten, was in Rom Anklang finden könnte, um ja nicht schief zu liegen. Einzelne hingegen, die einen Rest von bischöflicher Eigenständigkeit und episkopalem Selbstbewusstsein bewahrt hatten oder von Theologen gut beraten wurden, ließen Visionäres und verhältnismäßig Mutiges anklingen, das dann auch auf die Tagesordnung kam.

Eine gravierende Fehlentscheidung

Johannes XXIII. hatte zwar mit seinem einsamen Konzilsentschluss bewusst alle Brücken abgebrochen, die seinen Entscheid ohne totalen Gesichtsverlust hätten rückgängig machen können. Aber da er nun sich in seinem eigenen Haus mit geballtem Widerstand konfrontiert sah, versuchte er, den Gegnern eine Brücke zu bauen. Er machte aber den Bock zum Gärtner. Er beauftragte die Kurie, die römische Verwaltung, mit der Vorbereitung, in der vergeblichen Hoffnung, die Widerspenstigen auf diese Weise mit seinem Projekt zu versöhnen. Die ließen sich das nicht zweimal sagen. Der Auftrag gab der Kurie nach ihrem Einschätzen wenigstens die Möglichkeit, die losgetretene Lawine zu steuern und zu zähmen. Wenn die ganze Übung nicht mehr verhindert werden kann, dann übernehmen wir die Regie. Alles gut präparieren und dann absegnen lassen. So dachte und kalkulierte man in den Büros des Vatikans. Ihre Rechnung ging dann doch nicht auf. Trotzdem hat sich der Papst damit eine Hypothek aufgeladen, auch wenn er die Federführung dabei wohlweislich nicht Kardinal Ottaviani überließ, sondern dem Kardinalstaatssekretär und Zuständigen für «Außerordentliches», Domenico Tardini. Mit dieser tonangebenden Einbeziehung der Kurie beschwor Johannes XXIII. eine Dauerspannung herauf und organisierte einen permanenten Konflikt, der ihm die Konzilsfreude beeinträchtigte und partiell geradezu vergällte. Hin und her gerissen, zu Hause der Kälte, der Ablehnung und Obstruktion ausgesetzt, in der «Ferne» sich an der Anhänglichkeit und Zustimmung wärmend, nahm seine Gesundheit Schaden. Der Dauerstress nagte an seiner an sich robusten Konstitution. Im Austausch mit einer Briefpartnerin hatte er ein Ventil, sein Herz auszuschütten, und gelegentlich führte er in dieser Korrespondenz über seine Umgebung beredte Klage.

Es liegt auf der Hand, dass der Papst die Kurie nicht gänzlich ausmanövrieren konnte. Das wäre auch nicht klug gewesen, und niemand hat das von ihm erwartet. Und es wurden durchaus auch Leute und Experten von außen in die Vorbereitung einbezogen. Aber die Gewichtsverteilung hätte anders verlagert werden müssen. Auf diese Weise setzte zwar der Papst mit der souveränen Festlegung einer allgemeinen Kirchenversammlung einen mutigen Schritt nach vorn, nahm ihn aber wieder halbwegs zurück.

Widersprüchliche Signale

Mitten in die Vorbereitung des Konzils platzten römische Verlautbarungen, die nicht die Handschrift Johannes' XXIII. verrieten, aber deutlich zeigten, dass man in der römischen Zentrale auf verschiedenen Schienen fuhr und der Papst die einander zuwiderlaufenden Weichenstellungen entweder guthieß oder sie mindestens geschehen ließ.

Am 20. Juni 1961 erließ das Sanctum Officium ein «Monitum», eine Ermahnung an das Päpstliche Bibelinstitut. Auslöser war ein heftiger und äußerst beleidigender, geradezu primitiver Angriff im Dezember 1960 aus der Lateran-Universität auf das Päpstliche Bibelinstitut und besonders auf ihre deutsch- und französischsprachigen Professoren, die angeblich «brume nordiche» (nördlichen Nebel) verbreiteten und Verächter der Tradition, Feinde des Glaubens und Verderber des jungen Klerus seien. Der Präfekt des Sanctum Officium, Kardinal Ottaviani, setzte durch, dass zwei Professoren des Bibelinstituts mit Lehrverbot belegte wurden, das erst Paul VI. aufheben wird. Papst Johannes, der verspätet Wind vom ganzen Wirbel erhielt, soll ob dem Pamphlet aus dem Lateran einen Wutanfall bekommen und die schriftliche Attacke «con dispiacere e disgusto» (mit Missfallen und Abscheu) gelesen haben. Weiteres unternahm er anscheinend nicht. (Die freigestellten Gemaßregelten wurden allerdings teilweise durch die Hintertür in die Konzilsarbeit und die Beratung der Bischöfe hereingeholt.)

Aber die erste Runde ging zugunsten der obersten Glaubensbehörde aus. Im Monitum vom Juni 1961 wurden die Exegeten ermahnt, «stets die Lehre der heiligen Väter und den Sinn und das Lehramt der Kirche vor Augen zu haben». Was der Papst dazu meinte, davon stand nichts im Text.

Aber während der ersten Konzilssession im Herbst 1962 holte der Papst einiges nach. Als das Schema «Über die Quellen der Offenbarung» in der Generaldebatte zerzaust wurde und das Konzilsplenum in eine Sackgasse geriet, setzte er sich über die Geschäftsordnung hinweg. Er bildete kurzerhand eine neue Kommission mit den Ko-Präsidenten Augustin Bea, dem Präfekten des Sekretariats für die Einheit der Christen, das unter den Fittichen des Papstes stand, und Kardinal Ottaviani, dem Chef der Theologischen Kommission. Das war das erste und letzte Mal, dass Johannes XXIII. in den Konzilsablauf direkt eingriff.

Der nächste Streich folgte am 22. Februar 1962. Er galt nicht nur einem bestimmten Segment der Theologenzunft, sondern jagte allen Professoren und Studenten Angst und Entsetzen ein oder löste mindestens Kopfschütteln aus. Die in ungewöhnlicher Feierlichkeit vom Papst unterzeichnete Konstitution

«Veterum Sapientia» verfügte, dass die systematischen Fächer der Theologie wieder auf lateinisch doziert werden müssten. Aber das Papier blieb faktisch Makulatur.

Am 30. Juni 1962, dreieinhalb Monate vor Konzilsbeginn, schlug das «Sanctum Officium» nochmals zu und demonstrierte, wer das Sagen hat. Im Visier stand ein Einzelner, der französische Jesuit Pierre Teilhard de Chardin, der indes bereits 1955 verstorben war. Teilhard hatte versucht, die Evolutionstheorie Darwins weiterzuführen und theologisch fruchtbar zu gestalten. Die positive Entwicklung der Menschheit läuft auf die Mitte Gottes zu, dem «Punkt Omega». Bereits früher waren die Schriften Teilhards ordensintern abgewürgt und erstickt worden, durch Publikationsverbot und Abschiebung des Autors nach China. Man warf Teilhard vor, die Schuld im Weltgeschehen zu wenig ernst zu nehmen. Die Heilsgeschichte verschwinde hinter einem quasi unaufhaltsamen, aufwärts steigenden naturgesetzlichen Prozess. Das glaubensbehördliche Monitum qualifizierte diverse Anschauungen Teilhards als doppeldeutig, gefährlich und irrig. Teilhard de Chardin aber war es gelungen, den Dialog zwischen Theologie und Naturwissenschaft zu beleben. Sein modernes und zugleich optimistisches Menschenbild, seine anthropologischen und kosmischen Visionen sprachen viele Zeitgenossen an, die mit manchen kirchlichen Glaubenslehren und dem Stil der Verkündigung Mühe bekundeten.

Dieses Wetterleuchten im Vorfeld des Konzils beunruhigte viele. Aber man ließ sich die Hoffnung und die damals noch weitgehend unbeschädigte Zuversicht nicht nehmen. Man tröstete und bestärkte sich: Das Konzils wird's schon richten. Andrerseits markierten die römischen Dikasterien ihre Positionen, etwa in dem Sinn: Das Konzil kommt und geht, aber vor, während und danach müssen und werden wir zum Rechten sehen.

Der kranke Johannes – und eine Sternstunde

Kurz vor der feierlichen Eröffnung des Konzils eröffneten die Ärzte dem Papst die Diagnose seiner schweren Krebserkrankung. Selbst ein Papst kann vor seiner Krankheit nicht so weit auf Distanz gehen, dass sie seine Amtstätigkeit nicht tangieren würde. Die Krankengeschichte Johannes' XXIII. schrieb auch Kirchengeschichte. Gewisse Verhaltensmuster des Papstes, die sonst unverständlich blieben, finden vor diesem lebensgefährlichen Hintergrund eine Erklärung.

Das Konzil wurde auf keinen Fahrplan festgelegt. Die Dauer war unbestimmt. Eigentlich eine Zumutung an die Konzilsväter, die keine Ahnung hatten, wie lange sie sich auf dieses Unternehmen einzulassen hätten, mit allen Beschwerlichkeiten, die Umstellungen und Reisen für meist ältere Herren mit sich brachten. Vom finanziellen Aufwand ganz zu schweigen. Johannes XXIII. hoffte allen Ernstes, das Konzil, das am 11. Oktober 1962 eröffnet wurde, an Weihnachten wieder abzuschließen. Eine mehr als dreijährige Vorbereitungszeit in eine bloß zweieinhalb Monate dauernde Diskussions- und Beschlussphase einmünden lassen? Eine dermaßen unrealistische Vorstellung konnte wohl nur vom Wunsch diktiert sein, den Abschluss des Konzils doch noch erleben zu können. In die gleiche Richtung sind wohl auch irritierend oberflächliche Randbemerkungen zu Vorlagen zu deuten, ein Verhalten, das die Vermutung nahe legt, dass die Kräfte des Papstes zwischenzeitlich dramatisch nachließen.

Aber einmal noch lief er zur Hochform auf wie nie in seinem ganzen Pontifikat. Der 11. Oktober 1962 wurde der Höhepunkt in seinem Leben und päpstlichen Wirken. Und er setzte Zeichen. Er zog nicht mit der Papstkrone, der Tiara ein, sondern mit der bischöflichen Mitra, und er ging eine lange Strecke zu Fuß. Und dann die fulminante und prophetische Rede, die er selbst verfasst hatte, eigenhändig erarbeitet, mit

«Mehl aus meinem eigenen Sack», wie er ausdrücklich sagte. Diesen Auftritt ließ er sich von niemand nehmen oder gar verderben. Die Kernsätze lauteten:

In der täglichen Ausübung unseres Hirtenamtes verletzt es uns, wenn wir manchmal Vorhaltungen von Leuten anhören müssen, die zwar voll Eifer, aber nicht gerade mit einem sehr großen Sinn für Differenzierung und Takt begabt sind. In der jüngsten Vergangenheit bis zur Gegenwart nehmen sie nur Mißstände und Fehlentwicklungen zur Kenntnis. Sie sagen, daß unsere Zeit sich im Vergleich zur Vergangenheit nur zum Schlechteren hin entwickle. Sie tun so, als ob sie nichts aus der Geschichte gelernt hätten, die doch eine Lehrmeisterin des Lebens ist, und als ob bei den vorausgegangenen Ökumenischen Konzilien Sinn und Geist des Christentums, gelebter Glaube und eine gerechte Anwendung der Freiheit der Religion sich in allem hätten durchsetzen können. Wir müssen diesen Unglückspropheten widersprechen, die immer nur Unheil voraussagen, als ob der Untergang der Welt unmittelbar bevorstünde.

Das war ein anderer und ungewohnter Ton, der sich erfrischend von vielen düsteren Jeremiaden früherer Päpste abhob. Endlich einmal keine Moralpredigt, sondern eine Ermunterung. Solange der Papst sprach, konnte er sich ungefiltert mit seiner sonoren Stimme mitteilen. Aber es blieb ihm auch diesmal nicht erspart, dass an seine Rede der Rotstift angelegt wurde. Das «Ministerium für Kirchensicherheit» bearbeitete den Text vor der Veröffentlichung und schwächte die für die vatikanische Zensur ärgerlichen Stellen ab. Im Entwurf des Papstes und in seiner Ansprache war von «nichtchristlichen Religionen» die Rede. Daraus wurden «noch nicht christliche Religionen». Das war doch etwas um mehr als eine Nuance anderes.

Vier Parteien und zwei Koalitionen

Bald nachdem das Konzil im Herbst 1962 in Fahrt kam, stellte sich eine Grundkonstellation heraus, welche die große Synode bis zum Schluss prägen wird. Spätestens während der Liturgiedebatte, die am 22. Oktober begann und bis zum 14. November dauerte, kristallisierten sich die Richtungskämpfe deutlicher heraus. Die Parteien formierten sich definitiv, obwohl ihre Konturen sich eigentlich schon vor dem Konzilsstart abgezeichnet hatten. Die viel beklagte Polarisierung wurde bereits durch den Plan des Konzils im Keim angelegt.

Die Päpste konnten sich auf eine Art «Konzilsfraktion» stützen, die Majorität. Diese war offen für Neuerungen und Erneuerung. Wort- und schriftführend war der große «Mitteleuropäische Block», oder etwas freundlicher «Weltweite Allianz» genannt, gefestigt und inspiriert durch eine überaus fruchtbare theologische französisch-deutsche Zusammenarbeit. «Der Rhein fließt in den Tiber», hieß es – ein anschauliches und zutreffendes Bild für diese Symbiose.

Die traditionalistische, konzilsskeptische Fraktion, die Minorität, scharte sich um die Kardinäle Ottaviani und den Erzbischof von Palermo, Ernesto Ruffini. Sie bildete den «Coetus Internationalis Patrum». Natürlicher Verbündeter dieser einflussreichen Minderheit war die Kurie. Anzufügen ist, dass die kurialen Entscheidungsträger Kardinäle und Bischöfe waren. Kurie und Minderheit vermischten sich also. Insgesamt bot sich so etwas wie ein vertrautes parlamentarisches Bild: Die Regierung, der Papst, stützte sich auf eine Mehrheit. Die Opposition ihrerseits konnte auf die Kurie zählen. Allerdings waren die Grenzen dieser Gruppierungen fließend. Je nach Geschäft verwischten sich die Fronten. Und in den Endabstimmungen schälten sich dann jeweils große Mehrheiten bis zur schieren Einstimmigkeit heraus, weil man zuletzt nicht überstimmen, sondern möglichst geschlossen zusammenstimmen wollte, was nur durch immense, mühsame und bis zur Zerreißprobe ausgehandelte Kompromisse zustande kam. Die aufgeschlossene Mehrheit konnte sich grundsätzlich auf den Papst stützen. Aber die zahlenmäßig deutlich abgeschlagene Minderheit, mit der Kurie in einem Boot, hatte von mal zu Mal durchaus auch das Ohr beider Päpste, zunehmend bei Paul VI. So wahrten die Päpste unter dem Strich eine gewisse Überparteilichkeit und versuchten auszugleichen.

Chaos und Profile – das Bild der ersten Session

Irgendwie war es so, als ob man eine Herde von über zweitausend Mann, die einander weitgehend unbekannt waren, auf eine riesige Spielwiese geschickt hätte, ohne Regie und Regeln mitzuliefern. Also legt euch ins Zeug! Aber wie? Und dann ereignete sich zwei Tage nach der Eröffnungsfeier, am 13. Oktober 1962, nochmals eine Sternstunde. Auf der Tagesordnung stand die Wahl der Konzilskommissionen. Ein Drittel davon ernannte der Papst. Die Konzilsväter erhielten für ihre Auswahl zwar leere Wahlzettel, aber die sorgfältig ausgewählten Namen gleich mitgeliefert, unter dem Vorwand der Vereinfachung. Das war ein raffinierter Schachzug. Wäre die Manipulation gelungen, hätten sich die Vertreter der Kurie elegant die Mehrheit gesichert. Der Generalsekretär des Konzils wollte denn auch ohne viel Aufhebens möglichst geräuschlos zur Wahl schreiten. Da erhob sich augenblicklich Widerstand. Ungefragt ergriff der französische Kardinal Achille Liénart am Präsidiumstisch das Wort und stellte den Antrag, die Wahlen zu verschieben, da man sich zu wenig kenne. Kardinal Josef Frings von Köln, dem der Bonner Kirchenhistoriker Hubert Jedin, der sich später mit den Konzilsfolgen so schwer tat, die Intervention souffliert hatte, pflichtete dem Vorstoß bei. Diese Wortmeldungen wurden mit lang anhaltendem Beifall quittiert. Der Antrag wurde «per acclamationem» angenommen.

Das war die Geburtsstunde der Selbstbestimmung des Konzils. Kardinal Siri von Genua war konsterniert: *Die Nordeuropäer sind böse auf Rom.* Ein afrikanischer Bischof würdigte die Konfrontation als *Weg zum Geist der Kollegialität.* Und ein amerikanischer Bischof kommentierte: *Wir merkten, dass wir ein Konzil waren – und keine Klasse von Schuljungen, die man zusammengetrommelt hatte.*

Der griechische Name für Konzil lautet Synodos (Synode), das heißt gemeinsamer Weg. Das Konzil wurde in der Tat zu einem Modell des wandernden Gottesvolkes. In dieser ersten Session legte es eine beachtliche Wegstrecke zurück. Es fand zu seiner Gangart und lief sich warm. Man bildete Seilschaften. Die zusammenrückende Mehrheit einigte sich, ausgetretene Pfade zu verlassen und mit flottem Schritt neue Routen zu erschließen, während die Minderheit darauf aus war, das Tempo zu drosseln, mit Verbotstafeln zu winken und bloß schadhafte Wegstücke auszubessern und zu sichern. Oft stand man sich im Weg. Die Wanderung kam gelegentlich zum Stillstand.

Paul VI. – straffe Führung, zügig weiter und schließlich halb zurück

Der Erzbischof von Mailand, Kardinal Giovanni Battista Montini, hatte sich auf der ersten Session zurückgehalten, aber er konnte zum progressiven Flügel, zur Mehrheit gerechnet werden. Die rasche Wahl zum Papst nach dem Tode Johannes XXIII. am 3. Juni 1963 hing sicher mit seiner positiven Einstellung zum Konzil zusammen. Es lag aber in der alleinigen Kompetenz des neuen Papstes Pauls VI., das Konzil weiter zu führen oder die Übung abzubrechen. Nur ist zu sagen, dass die Omnipotenz der Päpste auch ihre Grenzen hatte und hat. Paul VI. hätte es sich im Sommer 1963 schlicht und einfach unmöglich leisten können, das Konzil nicht fortzusetzen. Er beeilte sich denn auch, die Fortführung des Begonnenen der Weltöffentlichkeit mitzuteilen.

Und er nahm sich noch zusätzlich etwas vor. Aus der Erfahrung der ersten Session klug geworden, verpasste er dem Konzil eine kompetente Verhandlungsleitung von vier Moderatoren. Die Auswahl sagte einiges aus. Die Kardinäle Döpfner, Lercaro und Suenens gehörten der Konzilsmehrheit an, Kardinal Agagianian der oppositionellen Minderheit. Einerseits band Paul VI. die Kurie energischer zurück als sein Vorgänger. Am 21. September 1963 forderte er die vatikanischen Monsignori auf, loyal zu ihm und endlich auch zum Konzil zu stehen. Gleichzeitig lockte er sie aber mit einem Angebot aus dem Schmollwinkel. Er beruhigte die römische Prälatenschaft mit der Zusicherung, dass die Reform der Kurie Sache des Papstes sein werde und nicht des Konzils. Das wirkte beruhigend auf die Gemüter der päpstlichen Büros. Und es ist auch ein bezeichnender Start für den Slalomstil Pauls VI. auf der Konzilspiste.

Johannes XXIII. hatte mit seinem Pontifikat Pius XII. überstrahlt. Dass man ihn nicht bloß verehrte, sondern liebte, war ein Novum in der Papstgeschichte. Paul VI. stand im Schatten seines Vorgängers. Er hatte die nötige Klugheit, ihn gar nicht erst kopieren zu wollen. Das übrige besorgten die Clichés: Der spontane Johannes und der steife Paul. Das traf auf Begegnungen und Gestik zu, aber sicher nicht auf den Intellekt. Da war Paul differenzierter, verschiedentlich fortschrittlicher und flexibler, aber später zunehmend vorsichtig und ängstlich. Er hatte sich in früheren Priesterjahren in die «Nouvelle Théologie» vertieft. Ursprünglich eine Feindbezeichnung, schöpfte sie aus den Quellen der Kirchenväter, den «Sources Chrétiennes», und suchte eine Symbiose mit neuerer Anthropologie, verbunden mit sozialer Ausrichtung. Dafür war der aus Brescia und aus gehobenem bürgerlichem Milieu stammende und in antifaschistischer Abneigung aufgewachsene Montini ansprechbar.

Bald nach seiner Amtsübernahme dachte er daran, das Konzil anständig aber zügig durchzuziehen und in absehbarer Zeit abzuschließen. Je früher, desto besser. Denn nach wiederholten Spannungen zwischen Papst und Konzil konnte man nicht mehr so sicher sein, ob es dem Papst mit dem Konzil noch wohl war. Man kann sich des Eindrucks nicht erwehren, dass er sich am 8. Dezember 1965 erleichtert fühlte, das Konzil los zu sein. Er hatte abseits der Kirchenversammlung Akzente gesetzt, um sich als Pontifex wieder in Erinnerung zu rufen: Mit seiner Reise ins Heilige Land Anfang 1964, mit seiner Rede vor der UNO-Vollversammlung im Oktober 1965 und mit der Aufhebung der gegenseitigen Exkommunikation zwischen ihm und dem Ökumenischen Patriarchen von Konstantinopel beim Konzilsschluss.

Während das Konzil die Konstitution über die Kirche erarbeitete, publizierte der Papst eine Kirchenenzyklika. Wofür das gut sein sollte, bleibt ein Rätsel. Um die Minorität zufrieden zu stellen, ist die plausibelste Antwort. Die Kirchenkonstitution «Lumen gentium», welche die Kollegialität der Bischöfe mit dem Papst festschrieb, neutralisierte er mit einem Vorspann, der den Primat des Papstes und die Papstartikel des Ersten Vatikanischen Konzils unterstrich. So dämmte er die breit ersehnte Kollegialität gleich wieder ein. *Ob dieser Erfolg zu teuer erkauft worden ist...*, fragte damals der junge Konzilstheologe Ratzinger. Im Gedächtnis blieb der Zickzackkurs haften und das Bild des Zauderers Pauls VI.

Kleine Aha-Erlebnisse der Konzilsväter

Diverse Konzilsväter bekundeten Mühe mit einer offiziellen Umschreibung der Kirche als «Volk Gottes». Papst Paul VI. lud eines Tages nach Santa Maria Maggiore zu einer Vesper ein. Die Liturgie ließ auf sich warten. Die Kirchenherren harrten der Andacht, beschauten das Heiligtum, starrten auf den vor ihnen stehenden Triumphbogen, auf dem geschrieben steht: *Sixtus episcopus plebi Dei (Bischof Sixtus dem Volk Gottes).* Der römische Bischof Sixtus III. (432–440) hatte die Basilika dreischiffig ausgebaut. Die Inschrift stimmte die anwesenden Konzilsväter nachdenklich. Ruckartig dämmerte es ihnen. Was einem frühen Papst recht war, wird sich wohl auch heute einem Konzil ziemen.

Gewisse Konzilsväter hatten Probleme mit der «Kollegialität des Bischofsamtes». Es wurde die Frage aufgeworfen, ob man überhaupt die Apostel formell und institutionell als «Kollegium» bezeichnen könne, worauf sich die Befürworter der bischöflichen Kollegialität stützten. Die dafür zuständige Kommission versammelte sich zu einer Sitzung, zufällig am 24. Februar, dem Fest des Apostels Matthias, der nach dem Ausfall des Judas hinzugenommen wurde, um vor der Geistsendung die Zwölferzahl vollzumachen. Die Sitzung begann mit einer Messe, und die Teilnehmer vernahmen das liturgische Tagesgebet: *Deus, qui beatum Matthiam Apostolorum tuorum collegio sociasti... (Gott, der du den seligen Matthias dem Kollegium deiner Apostel zugezählt hast ...).* Da horchten sie auf, und es fiel ihnen der uralte katholische Grundsatz ein, dass die «lex orandi» die «lex credendi» bestimme. Sinngemäß heißt das: Wie man betet, so glaubt man. Ein kleines Aha-Erlebnis. Das Konzil kam eine Runde weiter.

Konzilslegenden

Das Konzil hat nichts erfunden, sondern vieles vorgefunden und manches davon sich zu Eigen gemacht. Das ist eine Kürzestformel für die historische Leistung des Zweiten

Vatikanum. Es hat einen riesigen Reformstau angegangen. Theologisch, ethisch, pastoral und liturgisch war alles präpariert. Die Väter brauchten nur zuzugreifen, was in unzähligen Publikationen und Memoranden x-mal angeregt und ausformuliert worden war. Die liturgische Neugestaltung der Karwoche beispielsweise, aber auch Details der Abfolge des Kirchenjahres oder Änderungen im Stundengebet des Klerus waren längst vor dem Konzil eingeführt worden. Sensationell war die «Erklärung über die Religionsfreiheit». Von einer «Kopernikanischen Wende» ist die Rede: ein Wandel vom «Recht der Wahrheit» zum «Recht der Person».

Die nicht stimmberechtigten Konzilstheologen, die «Periti» (Experten) und die Konsultoren, meist Professoren, deckten die Bischöfe mit der aktuellen Theologie ein. Die Konzilsväter, die dafür offen waren, hatten in der Vorbereitung und während des Konzils den Vorteil, in den Genuss theologischer Fort- und Weiterbildung zu gelangen. Die in der Peterskirche eingerichtete Cafeteria, schalkhaft «Bar Jona» genannt, war gleichzeitig Ort der Entspannung und der theologischen Diskussion; auch die bischöflichen Unterkünfte in Klöstern und Kollegs verwandelten sich in theologische «Intensivstationen». So wurde das Konzil zu einem Ort internationalen Gelehrtenaustausches. Von großem Vorteil erwies sich, dass praktisch alle Konzilsteilnehmer die neuscholastische Ausbildung durchlaufen hatten, so dass man sich über die Grundterminologie gar nicht erst zu verständigen brauchte. Das Konzil war eine universalkirchliche Riesenveranstaltung – ein Kirchenparlament und ein theologisches Großsymposion in einem.

Das Konzil stellte ebenso sehr ein Abschlusszeugnis einer überaus dichten und lange boomenden Volkskirchlichkeit dar wie einen Neubeginn. Man war unter sich. Es war ein Konzil, das sich vor allem um die Kirche drehte, ein Konzil der «Binnenkirchlichkeit». Die Gottesfrage wurde kaum artikuliert, dafür wurden die kirchlichen Ämter durchexerziert, allen voran das Bischofsamt, in einer Ausführlichkeit, die gelegentlich an «bischöflichen Narzissmus» grenzte. Man vermehrte die episkopale Würde, aber letztlich nur auf dem Papier. In einem Bild: Der gigantische «Verwaltungsrat» der katholischen Kirche erhöhte seine Diäten, aber als es an die Ausrichtung gehen sollte, verweigerten die bürokratischen Stellen die Auszahlung. Mit anderen Worten: Das Konzil versagte, indem es die ausgefaltete Ekklesiologie nicht kirchenrechtlich umsetzte. Eine wirklich gelebte Kollegialität, die den Namen verdient, eine effiziente Mitbestimmung in der Kirchenleitung steht bis heute aus, und der am Konzil heftig beklagte Zentralismus trieb mehr Blüten denn je. Die von Paul VI. nach dem Konzil geschaffene Institution einer periodisch in Rom tagenden «Bischofssynode» sollte der Kollegialität den nötigen Rückhalt geben, aber in seiner typischen Strategie stellte der Papst die Bischofssynode neben und nicht über die Kurie. Damit reduzierte Paul VI. die Kollegialität, von der man so viel erhofft hatte, auf eine «Assistenzfunktion des Papsttums». So blieb alles beim Alten.

Das Konzil wird für Dinge im «Guten» wie im «Schlechten» verantwortlich gemacht, die inhaltlich und spirituell gar nicht auf sein Konto gehen. Es wehte allerdings außerhalb des eigentlichen Geschehens in Rom, parallel dazu und nachher ein «Geist des Konzils», der alles Mögliche legitimierte, sich aber oft weder auf den Geist noch auf den Buchstaben berufen konnte. Veränderungen in kirchlichen Gemeinschaften oder in der Praxis der Seelsorge, die längst überfällig waren, riefen mit oder ohne Grund das Konzil zum Zeugen an. Mit dem vermeintlichen Konzil im Rücken lebte es sich für Verantwortliche oder für aufbegehrende Bittsteller leichter. Gewiss versprühte die Majorität einen eindeutig zukunftsweisenden Geist, der aber im Buchstaben eingemauert war, besonders, wo es um Verfassung und Struktur der Kirche ging.

Bei der Verabschiedung von Beschlüssen raufte sich nämlich das überaus harmoniebedürftige Konzil zu einer großen Koalition zusammen. Entsprechend abgeschwächt, unbestimmt und vieldeutig war das Resultat. Wenn Kardinal Karl Lehmann klagt: *Man zitiert von verschiedener Seite, ob konservativ oder progressiv, nur Textsplitter*, liegt das eben in der Natur der Konzilsdokumente. Sie wurden so abgefasst, dass sie sich als Steinbruch geradezu anbieten, in dem jedermann herumstochern und das für ihn Passende herausbrechen kann.

Bei aller unüberwundenen Polarisierung, die man dem «unerledigten Konzil» mit seiner «gespaltenen Rezeption» zuschreiben mag, hat sich die kirchliche Grundbefindlichkeit dennoch irreversibel gewandelt, und zwar im «liberalen» wie im «konservativen» Lager. Das verbindet beide Fronten: ein Volk-Gottes-Bewusstsein, das auch die Verfechter der hierarchischen Strukturen gern in Anspruch nehmen, wenn sich die Hierarchen nicht so verhalten, wie es die sich selbst anmaßenden glaubenshüterischen Verteidiger der Tradition verlangen.

Stell dir vor, es wäre kein Konzil gewesen ...

Mit diesem Gedanken begeben wir uns ins Irreale, zugegeben. Aber es gibt nach wie vor kirchliche Zeitgenossen, die allen Ernstes glauben, wenn das Konzil nicht stattgefunden hätte, wäre uns die Kirche, wie sie sich zur Zeit Pius' XII. präsentiert hatte, erhalten geblieben – konserviert in ihrer liturgischen und gesellschaftlichen Geschlossenheit. Das ist reichlich naiv. Johannes XXIII. müsse bis zur Wiederkunft des Herrn im Fegfeuer büßen, für das, was er mit dem Konzil in der Kirche angerichtet habe. Solche oder ähnliche hirnrissige Vorstellungen sind an sich keines Kommentars wert, aber offenbaren ein völlig unhistorisches Denken.

Die säkulare 68er Bewegung und Revolte ging gewiss in keiner Weise aus dem Konzil hervor. Da waren andere Kräfte am Werk. Aber sie hätte die Kirche wohl in noch massiverer

Weise unvorbereitet getroffen, wenn nicht vieles durch die Bewusstseinsbildung durch das Konzil abgefedert worden wäre.

Konzilien waren zwar oft Meilensteine in der Kirchengeschichte, aber man soll ihre Bedeutung auch nicht überschätzen. Dem Konzil von Trient wird gern ursächlich die ganze katholische Reform nach der Kirchenspaltung im 16. Jahrhundert zugeschrieben. Der Jesuitenorden beispielsweise wurde längst vor Trient gegründet und hatte seine Satzungen noch vor Abschluss der bedeutsamen dritten Session im Trockenen. Die Verwirklichung der tridentinischen Beschlüsse ging äußerst schleppend vor sich. Da waren zusätzlich viele theologische und geistige Impulse am Werk. Dasselbe gilt für unser Konzil. Man kann berechtigterweise das Zweite Vatikanum von 1962 bis 1965 als das bedeutendste kirchengeschichtliche Ereignis des 20. Jahrhunderts einstufen, aber das Konzil wäre in seinem Ablauf und mit seinen Produkten gar nicht denkbar gewesen ohne die ungezählten außerkonziliaren Zutaten, mit denen es aufbereitet wurde. Die Chefköche des Konzils schöpften aus bereits bewährten Kochbüchern.

11

Das Schisma von Ecône –
Trotz und Trauer

Von Saxon im Unterwallis, einem Dorf mit viel Obst, speziell Aprikosen, braucht man eine runde Stunde zu Fuß nach Ecône. Der Weg führt durch malerische Weinberge am linken Abhang des breiten Talgrundes. Angeschmiegt ans wuchtige Bergmassiv liegt Ecône, die «Fraternité Saint-Pie X» (die Bruderschaft des heiligen Pius X.) – fast eine Einsiedelei, unberührt vom pulsierenden Leben dieses langen Bergkantons mit seinen Verkehrsadern am Rhonestrand. Mit öffentlichen Verkehrsmitteln kommt man da nicht hin. Aber ein überaus großer Parkplatz steht für die offenkundig zahlreichen Besucher bereit. Aus der Nähe dröhnt ein großes Elektrizitätswerk, brummt und summt wie ein gigantisches Insekt in die Stille. Es ist Anfang August um die Mittagszeit. Ein strahlender Hochsommertag mit trockener Walliser Hitze wölbt sich über das Tal. Das Priesterseminar ist leer. Die Seminaristen befinden sich in den traditionell langen Sommerferien. Der hauseigene Laden mit Büchern, Zeitschriften und Devotionalien ist offen, aber unbedient. Ein Schild weist zum Grab des Gründervaters, zur «Tombe Monseigneur». Ein beachtlicher, aber schmuckloser Grabhügel mit Kreuzigungsgruppe. Darunter Name, Geburts- und Todesjahr: *Marcel Lefebvre (1905–1991)*.

Im inneren Platz des Anwesens steht die lebensgroße Statue Pius' X., «ihres» Papstes. Die Glocke ruft zur Mittagshore. Es sind ausschließlich Schwestern, die kommen. Verstohlen im Chor ein Priester, der kurz neugierig nach dem Besucher schaut. Nach dem Gebet, das die Nonnen im Schiff verrichten, wird die Kirche geschlossen. Eine vorsorgliche Maßnahme, wie man mir versichert. Es ist wieder ganz still im Areal. Einzig Küchengeräusche zeugen vom Leben und seinen Bedürfnissen.

Unsympathisch wirkt die Kirche nicht. Im Gegenteil, durchaus einladend. Kein barockes oder gar bombastisches Ambiente. Ein nüchterner Bau, schlicht und zweckdienlich. Man späht vergeblich nach einer bischöflichen Cathedra. Ein Sitz für den Bischof wird nur bei Pontifikalfunktionen bereitgestellt. Kein Prunk also in dieser kirchlichen Nische.

Ecône ist allerdings nicht mehr der Hauptsitz der Fraternité. Der befindet sich in Menzingen ob Zug. In Ecône verbleibt das «Séminaire International Saint-Pie X». Dessen Gemeinschaft nennt sich familiär «Les Ecôniens». Hier ist der Ort des Ursprungs. Lefebvre und Ecône sind synonym. Unter diesen beiden Namen hat sich die Bewegung in der Öffentlichkeit eingeschrieben.

Angefangen hatte es damit, dass der frühere Erzbischof von Tulle und «Supérieur Géneral des Pères du Saint-Esprit» Marcel Lefebvre 1969 nach Freiburg in die Schweiz kam und eine Seminaristengruppe um sich sammelte, sich aber noch im gleichen Jahr in Ecône niederließ. Seine neu gegründete Priesterbruderschaft vom heiligen Pius X. wurde am 1. November 1970 vom damaligen Bischof von Lausanne, Genf und Freiburg, François Charrière, approbiert. Der urkundlich offizielle Name lautete: «Confraternitas Pius X» (CPX). Die Seminaristen sollten in Ecône im Internat wohnen, aber weiterhin an der Universität Freiburg studieren. Mit dem Umzug nach Ecône war auch der Walliser Bischof Nestor Adam involviert, der vorerst ebenfalls mit Wohlwollen die neue kirchliche Pflanzstätte begleitete. Dieser erlaubte Lefebvre, eine Art Noviziat mit Einführung in das geistliche Leben zu betreiben. Die beiden Bischöfe erhofften sich durchaus positive Impulse von Lefebvres traditioneller Spiritualität in der aufgewühlten Gesellschaft der 68er-Revolte, die auch vor Priesterseminaren nicht Halt machte. Bald sollte sich aber zeigen, dass damit den

Westschweizer Bischöfen ein Kuckucksei ins Nest gelegt worden war.

Der Gebäudekomplex von Ecône hatte über viele Jahrhunderte den Chorherren vom Großen St. Bernhard gehört. Walliser Katholiken kauften die Niederlassung in der Absicht, sie weiterhin einem kirchlichen Zweck zu erhalten. Der große Zulauf zur Fraternität nach dem Einzug erforderte neue Gebäudetrakte, und Lefebvre verband den Ausbau mit der Ausweitung von spiritueller Betreuung zu systematischer theologischer Ausbildung. Das heißt im Klartext: Das Theologenkonvikt mutierte zum regelrechten Priesterseminar. Das aber ging über die Absprachen mit Nestor Adam hinaus. Lefebvre stellte den Bischof von Sitten vor vollendete Tatsachen.

Opposition auf dem Konzil

Ein unbeschriebenes Blatt war der Alt-Erzbischof beileibe nicht. Er hatte am ganzen Zweiten Vatikanischen Konzil (1962–1965) teilgenommen und sich der konservativen «Fraktion» des «Coetus Internationalis Patrum» angeschlossen. Bei der Behandlung der Kirchenkonstitution hatte er sich gegen die *Kollegialität* der Bischöfe ausgesprochen, später sich noch vehementer gegen die *Religionsfreiheit* gestellt, deren Annahme er als Sieg der Kirchenfeinde betrachtete, der zum Untergang der Kirche führen würde. Das war aktenkundig und hätte den Bischöfen Charrière und Adam bekannt sein müssen. Am Abschlusstag des Konzils erklärte er während eines Essens, dass er die Konzilsbeschlüsse als ungültig betrachte.

Auf eine kurze Formel gebracht: Lefebvre warf dem Konzil vor, die Französische Revolution im Nachhinein in die Kirche importiert zu haben. Mit der Erklärung über die Religionsfreiheit, den Aussagen über die Kollegialität und dem Dekret über den Ökumenismus habe es sich die gottlose und verderbliche revolutionäre Trias der Freiheit, Gleichheit und Brüderlichkeit zu Eigen gemacht, obwohl Prinzipien und Folgen der Französischen Revolution durch päpstliche Entscheidungen wie den *Syllabus* von 1864 einschlägig verurteilt worden seien.

Sehen wir noch genauer hin. Der Franzose Lefebvre muss aus einem spezifisch katholischen Milieu Frankreichs erklärt werden. Als er geboren wurde, setzte die französische Republik die Trennung von Staat und Kirche durch. Frankreich hatte sich seit der Französischen Revolution nicht mehr auf Dauer mit Krone und Kirche verbunden. Rom hatte, noch während die Revolution in Paris in vollem Gange war, die neu kreierte Verfassung (Constitution) verdammt und die französischen Bischöfe und ihren Klerus auf deren Ablehnung eingeschworen, was zur Kirchenspaltung in Frankreich führte, die romtreuen Priester zum Widerstand verpflichtete und ans Messer lieferte. Als die päpstliche Kurie Jahre später daran ging, sich mit Napoleon ins Benehmen zu setzen, kam man seiner Forderung nach, dass um der Staatsräson willen alle bisherigen, auch die romtreuen Bischöfe abtreten und einer geräuschlosen Wiedererrichtung der kirchlichen Strukturen mit neuen Köpfen nicht im Weg stehen sollten. Das war nun einigen dieser römischloyalen Bischöfe zu viel. Erst hatte man ihnen das Martyrium zugemutet. Nun hatten sie sich gefälligst in einen faulen Kompromiss einzuspannen. Eine Gruppe dieser alten, Rom ergeben gewesenen Bischöfe kündigte nun ihrerseits dem Papst den Gehorsam auf und bildete die schismatische «Petite Eglise», die – Hoffnung und Tragik der Geschichte – während des Zweiten Vatikanischen Konzils mit Rom wieder versöhnt wurde, während gleichzeitig der Kern für eine neue Kirchenspaltung gelegt wurde. Selbstverständlich kam Lefebvre nicht aus der «Petite Eglise». Und man soll sich auch hüten, die familiäre Atmosphäre der Lefebvres mit einer Schablone in den militanten französischen Rechtskatholizismus zu pressen oder gar dem Umfeld der «Action française» um Charles Maurras mit ihrer romantischen Verklärung der Monarchie und ihrem antisemitischen Einschlag zuzuzählen, gehörte doch Lefebvres Vater während des Zweiten Weltkriegs zum Kreis der «Résistance» und wurde von der deutschen Besatzung in ein Lager verschleppt, wo er starb. Was Marcel Lefebvre aber mit der «Petite Eglise» und anderen traditionellen Strömungen im französischen Katholizismus teilte, war der Schock der Französischen Revolution und ein tief eingewurzelter Abscheu gegen alles «Unheil», das von 1789 an über die folgenden Jahre und Jahrzehnte ausging. Darin enthalten war die Verachtung und Bekämpfung dieser «dämonischen und wollüstigen Fruchtbarkeit» mit ihrer «Hydra» von Libertinismus, Atheismus, Kommunismus und anderen «Ungeheuerlichkeiten».

Zurück zum Konzil. Mit seiner Gegnerschaft gegen die Religionsfreiheit wollte Marcel Lefebvre gewiss nicht der Praxis der Inquisition des Mittelalters und des konfessionellen Zeitalters im 16. und 17. Jahrhundert das Wort reden. Es ging ihm und geht seinen Kreisen immer um das Prinzip, dass nur die Wahrheit (die im Christentum, konkret in der katholischen Kirche verwirklicht ist) ein Recht auf Freiheit hat. Irrtum besitzt nie Rechtsanspruch. Er kann allenfalls toleriert werden. In einem gewissen Sinn hat Lefebvre die Tragweite des Konzils mit seinem Beschluss über die Religionsfreiheit vielleicht tiefer erkannt als viele Befürworter. Denn die Erklärung über die Religionsfreiheit ist möglicherweise das historisch bedeutendste Dokument des ganzen Konzils. Sie stellt eine wirklich umwälzende Verlautbarung dar, die mit früheren päpstlichen Richtlinien brach. Das kann man drehen und wenden, wie man will. Das Konzil mit Paul VI. setzte sich in Widerspruch zu Pius IX. Das Vatikanum II stellte die Würde der menschlichen Person höher als den bedingungslosen Anspruch auf Wahrheit. Und es gab auch Konzilsväter, denen das ebenfalls zu schaffen machte, die aber um einer wichtigen Nebenwirkung willen dennoch zustimmten, weil das Postulat der Religionsfreiheit nicht zuletzt an die damals atheistischen kommunistischen Staaten und ihre Systeme appellierte, den Kirchen Freiraum zu geben. Ein Anliegen, das auch dem Erzbischof Wojtyla aus dem polnischen Krakau, dem späteren Johannes Paul II. einleuchtete. Lefebvre seinerseits befürchtete, dass damit dem alles nivellierenden Relativismus Tür und Tor geöffnet würden, wenn das Konzil sich wider alle kirchliche Tradition zum Anwalt der Religionsfreiheit aufwerfe.

Ein problematischer Entscheid Pauls VI.

Die Anziehungskraft von Ecône lag einmal im persönlichen Charisma, das der eigenwillige Kirchenfürst ausstrahlte. Er sammelte Theologiestudenten aus verschiedenen Ländern. Eine breitere Öffentlichkeit war von einer liturgischen Nostalgiewelle erfasst und sympathisierte deswegen mit Lefebvre. Im altvertrauten Ritus fühlten sich viele geborgen, denen man die emotionale kirchliche Heimat genommen hatte. Den Ausverkauf der lateinischen Sprache und Gesänge empfanden sie als eine katholische Variante von Bildersturm. Und klug, einfühlsam und rücksichtsvoll ging man bei den Neuerungen gewiss nicht immer vor. Natürlich lag Lefebvre, wie wir gesehen haben, mehr als nur die Liturgie am Herzen. Aber die Liturgie ist der Nährboden des Glaubens, das Biotop, in dem die Dogmen leben und gedeihen. Mit der Liturgiereform habe das Konzil das Herzstück der Kirche zerstört. So sah es jedenfalls Ecône.

Und während Lefebvre sich mit seinen früheren Gönnern, den westschweizerischen Bischöfen, wegen unverhohlener Eigenmächtigkeit und immer schärferer Kritik am Konzil und an der nachkonziliaren Entwicklung zusehends überwarf, verfügte der Papst, dass ab 7. März 1976 (Erster Fastensonntag) die veränderte Liturgie, das neue Messbuch, überall und faktisch ausnahmslos eingeführt werden müsse. War das wirklich nötig? In einem dermaßen heiklen und sensiblen Bereich, wie es die Liturgie in der katholischen Kirche nun einmal ist, in gewohnt schneidend kurialer Sprache den traditionellen Ritus mit einem Verfallsdatum zu etikettieren und für die Durchsetzung der liturgischen Neufassung wie bei der Einführung eines Reglements ultimativ einen Tag zu bestimmen? Hatte man denn nicht lange Zeit einen Klerus herangezüchtet und diesem buchstäblich die Hölle heiß gemacht für den Fall, dass sich jemand erfrechen sollte, in der offiziellen tridentinischen Liturgie, wie sie seit dem Missale Pius' V. von 1570 in Kraft war, eigenmächtig Veränderungen oder Kürzungen vorzunehmen? In einer Zeit rasanter Mobilität, wo das Kirchenvolk sich viel weniger seiner angestammten Pfarrei verbunden fühlt als früher, wäre es sinnvoll gewesen, überall Orte und Zeiten für die alte Liturgie zu reservieren. Dies wäre auch im Einklang gewesen mit dem Postulat nach mehr Vielfalt in der einen Kirche. Allzu große Sorgen waren unbegründet. Das Gros der Gläubigen hatte sich auf die neue Liturgie eingestellt. Als Johannes Paul II. dem alten Ritus wieder mehr Spielraum gewährte, war es zu spät.

Das «Drama von Ecône» beschleunigte sich. Bischof Pierre Mamie von Freiburg entzog Lefebvre am 6. Mai 1975 die Anerkennung seiner Gründung. Der verhärtete Monseigneur hatte sich in einer Erklärung vom November 1974 überlaut gegen die *neo-modernistische und neo-protestantische Richtung* ausgelassen, die sich in Rom durchgesetzt habe und schuld sei an der *Zerstörung der Kirche, am Niedergang des Priestertums...* Der gemaßregelte Rebell fuhr indes ungerührt fort und weihte am 29. Juni 1976 zwei dutzend Priester und Diakone. Nun war das Maß voll, und der Papst, der ihm besorgt einen beschwörenden handgeschriebenen Brief geschickt hatte, suspendierte den uneinsichtigen Rebell im Unterwallis am 12. Juli 1976 von allen priesterlichen und bischöflichen Vollmachten (Suspensio

a divinis), was Lefebvre nicht hinderte, im alten Stil fortzu-
fahren. Spätestens ab diesem Zeitpunkt war sich Lefebvre der
Aufmerksamkeit des Fernsehens sicher. Jeweils um Peter und
Paul (29. Juni) richteten sich die Antennen auf den Altar von
Ecône mit dem ungehorsamen Bischof und seinen ebenfalls
ungesetzlichen Weihekandidaten.

Der Bruch

In diesem Stil gingen darauf zwölf Jahre ins Land. Allerdings,
keine nach außen noch so geschlossene Festung ist gegen interne
Spannungen gefeit. Im Frühjahr 1977 rumorte es in Ecône ge-
waltig. Einige Professoren – darunter der Direktor – und mehrere Seminaristen kehrten der Gemeinschaft den Rücken. Selbst
die Chronisten von Ecône schrieben von einem Eklat. Dann
steuerte der Konflikt mit Rom dem Höhepunkt entgegen. Der
Vorhang des fünften und letzten Aktes der Tragödie hob sich.
Der alte Herr von Ecône sorgte sich um den Fortbestand seines
Werkes. Aber ohne Nachfolge im Bischofsamt war dieses nicht
gesichert. Als die Absicht Lefebvres ruchbar wurde, eigenmächtig Bischöfe zu weihen, wurde Rom in höchste Alarmstufe ver-
setzt, zumal der bischöfliche Greis das Risiko eines Aufschubs
nicht eingehen und am 30. Juni 1988 die Nachfolge regeln wollte. Johannes Paul II. brachte mehr Verständnis für
Lefebvre auf als Paul VI. In vielem sah der polnische Papst in
Marcel Lefebvre einen natürlichen Verbündeten, dessen positi-
ver Einfluss der kränkelnden westeuropäischen Kirche zugute
kommen sollte. Warum nicht diese gesunden Kräfte vereinen
und bündeln! Man wäre im Vatikan durchaus bereit gewesen,
den Mantel des Vergessens und des Verzeihens über die bisherigen Vergehen des opponierenden Bruders im Bischofsamt
auszubreiten. In der Liturgie sollte er ohnehin Freilauf haben.
Aber zusätzlich ließ man ihn wissen, für einen bischöflichen

Nachfolger nach seinem Geschmack ein offenes Ohr zu haben. Man beschränkte sich darauf, von ihm nur ein Minimum an Loyalitätserklärung zum Zweiten Vatikanischen Konzil abzuverlangen. Aber darauf konnten und wollten Papst und Kurie, wo Lefebvre sich vieler Sympathien erfreute, nun doch nicht verzichten. Die vatikanische Strategie für des Widerspenstigen Zähmung und Einbindung schien Erfolg versprechend.

Lefebvre traf sich am 24. Mai 1988 in Rom mit dem Präfekten der Glaubenskongregation, Kardinal Ratzinger, der ihm einen Bischofskandidaten aus seiner Bruderschaft in Aussicht stellte, dessen Weihe am 15. August stattfinden könnte, mit der Auflage, dass der bis dato suspendierte Erzbischof eine förmliche Bitte um Versöhnung ausspreche. Die beiden Gesprächspartner unterzeichneten ein Protokoll, das fünf vor zwölf aus der Sackgasse zu führen schien, ein Ausweg, mit dem beide Seiten ihr Gesicht hätten wahren können. Aber am 2. Juni desavouierte Lefebvre die getroffenen Abmachungen und schrieb dem Papst unverblümt, dass er sich genötigt sehe, angesichts der Verwüstung des Glaubens zur Selbsthilfe zu greifen und dann *«günstigere Zeiten für die Rückkehr Roms zur Tradition abzuwarten».* Selbst nach dieser unverschämten Beleidigung wollte man in Rom die Tür noch nicht zuschlagen. Bis zum verhängnisvollen Tag wartete man bis zur letzten Stunde auf ein Einlenken. Vergeblich. Am 30. Juni 1988 schritt Marcel Lefebvre feierlich zur Tat und weihte vier Bischöfe. Nun aber schlug Rom postwendend zurück. Am Tag darauf, dem 1. Juli, erfolgte die formelle Exkommunikation von Marcel Lefebvre wie auch der vier von ihm ordinierten Bischöfe. Ein konzelebrierender und mitordinierender Alt-Bischof wurde ebenfalls vom Bannstrahl getroffen.

Lefebvre hatte unverfroren hoch gepokert und hätte eigentlich gewonnen. Seine dreist präsentierte Rechnung schien aufzugehen. Schlüpft man in die Rolle eines neutralen Beobachters, fällt es schwer, sich in dieser entscheidenden Phase in Verstand und

Gemüt von Marcel Lefebvre einzufühlen. Als Leitfigur eines konservativen Kirchenmodells innerhalb der Universalkirche hätte er unvergleichlich größere Expansionsmöglichkeiten gehabt. Allerdings sind auch so seine Filialen in praktisch allen europäischen Ländern, aber auch auf dem amerikanischen Kontinent beachtlich. Bestimmt wären ihm in der Folge die Herzen weiterer frustrierter Kleriker und Laien zugeflogen, die mit gespannter Aufmerksamkeit die Ereignisse in Ecône verfolgten. Bewundernde und neidische Augen richteten sich seit langem auf diese Walliser Ecke. Stolz zeigt man bis heute ein Foto, das den schweizerischen Bundespräsidenten Roger Bonvin, einen Walliser, auf Besuch in Ecône zeigt. Das liegt weit zurück. Das kann nur 1973 gewesen sein. Bonvin ging nachher auf Distanz. Und wenn man den dirigistischen Stil des Vatikans, die gezielte Auswahl der Bischöfe durch den Papst und die Kurie, ferner Roms Umgang mit Fakultäten und Theologen der vergangenen Jahrzehnte und nicht zuletzt die eindringlichen liturgischen Ermahnungen der jüngsten Zeit bedenkt, wäre Lefebvre mit seinem Anhang mehr als nur salonfähig geworden. Die römische Zentrale hat sich doch faktisch immer mehr auf Lefebvres Linie zu bewegt. Nun aber spielte der zornige Veteran definitiv die Rolle eines gegenkirchlichen Führers. Der Weg ins Sektierertum hat ihn viel Anhang gekostet. Lefebvre bezahlte einen hohen Preis für seine Sturheit. Und die Rechnung wurde sofort präsentiert. Am 18. Juli 1988 spaltete sich eine Gruppe von Priestern und Seminaristen, die mit dem Schisma nicht leben konnten, von der Bruderschaft Pius' X. ab und gründeten eine «Priesterbruderschaft vom heiligen Petrus» (abgekürzt: «Petrus-Bruderschaft»). Rom nahm sie mit offenen Armen auf und anerkannte sie am 18. Oktober 1988. Der vorkonziliare Ritus und ein eigenes Priesterseminar wurden ihnen zugestanden.

Trotzdem. Konsequenz ist Lefebvre nicht abzusprechen. Nachdem Rom sich seinen radikalen Ansichten und Forderungen verschlossen hatte, blieb ihm nur der Gang ins Abseits. Für Kompromisse war er nicht zu haben. Grautöne lagen ihm nicht. Es gab für ihn nur schwarz und weiß. So blieb er auf dem rechten Weg, wie er es sah. Er klammerte sich an das «Miracle d'Ecône». Allerdings war diese Unbeirrbarkeit mit ebensoviel Widersprüchlichkeit gepaart. Wie er damit fertig wurde, steht auf einem anderen Blatt. Der Vorkämpfer auf dem Konzil für die uneingeschränkte päpstliche Machtfülle stellte sich gegen die gegenwärtigen Päpste. Lefebvre berief sich auf Pius X. gegen Paul VI. und Johannes Paul II. Er setzte sich in Widerspruch zu den seiner Meinung nach schlecht beratenen Päpsten und appellierte an den besser unterrichteten Papst. Pius X. (1903–1914) stand für ihn als der unverwüstliche Bannerträger gegen den *Modernismus*, der damals die katholische Kirche zu verpesten drohte. Aber es gelang diesem, mit rigoroser Härte die ihm anvertraute Kirche zu entseuchen. (Fragt sich nur, um welchen Preis.) Pius X. verkörperte für Lefebvre die fleischgewordene Rechtgläubigkeit. Und jetzt habe sich der gleiche Notstand eingestellt, der nach entsprechenden Maßnahmen rufe. Pius X. hätte Lefebvre inhaltlich zweifellos Recht gegeben. Aber die Unfehlbarkeit des Papstes ist nach katholischer Lehre unteilbar, und seine Vollmachten verteilen sich eben auf alle Päpste. Dieses Dilemma war den Konzilsvätern am Ersten Vatikanischen Konzil (1869/70) bei der Beratung der Papstdogmen bewusst gewesen und hatte einigen Bischöfen angesichts der Ungereimtheiten der Papstgeschichte einiges Kopfzerbrechen bereitet.

Mittlerweile ist Ecône längst aus den Schlagzeilen geraten. Gleichzeitig mit seiner finalen Krise setzten die Bischofswirren um den «Fall Haas» ein, und die Scheinwerfer richteten sich während zehn Jahren auf das Bistum Chur. Auch die in den 90er Jahren heftig entbrannte Diskussion um das «Opus Dei» stahl Ecône die Schau. Andere und neuere Gruppierungen machten von sich reden und zapften im Rahmen kirchlicher Legitimität den Geist von Lefebvres Gründung an. Die Polarisierung innerhalb der katholischen Kirche ging weiter.

Heimweh

Kehren wir abschließend nochmals in die beschauliche Idylle nach Ecône zurück. In der Bücherei ist Rom höchst präsent. Das ist frappant. Man hat sich von der alten Mutter keineswegs abgenabelt. «Denk ich an Rom in der Nacht, bin ich um den Schlaf gebracht», könnte man Heinrich Heine abgewandelt zitieren. Interessiert wurde die Wahl Ratzingers zur Kenntnis genommen. Eigentlich wäre Benedikt XVI. ein Papst nach ihrem Geschmack. Er stehe ihnen in Geist und Gehalt doch sichtlich nahe. Wenn er sich nur durchsetzen könnte ... So ein Jammer. So und ähnlich liest es sich in ihren Verlautbarungen.

Irgendwie wittert man in Ecône aber doch Morgenluft. Es manifestiert sich eine seltsame Mischung von eingespielter Arroganz und vorsichtiger Annäherung. Vom «Ende eines Schreckgespenstes» wird geschrieben. Was ist damit gemeint? Es habe nie eine Exkommunikation gegeben, und von einem Schisma könne schon gar nicht die Rede sein. Äußerungen von Kardinälen und Kirchenjuristen werden herangezogen. Geradezu triumphierend wird der Präsident des päpstlichen Rates für die Einheit der Christen aus dem Jahr 1994 zitiert, dass die römische Ökumene sich nicht mit der Bruderschaft Pius' X. befasse. Wozu denn auch? Die Situation der Mitglieder der Kommunität von Ecône sei «eine interne Angelegenheit der katholischen Kirche». Also wir haben es ja immer gewusst. Wir sind drinnen, mitten im Zentrum, wo das Herzblut der katholischen Kirche immer geschlagen hat und aller Unbill zum Trotz weiter schlägt. An anderer Stelle liest es sich wieder so, dass eigentlich Rom sich gefälligst befleißigen möge, zur Einheit und zum integralen Glauben zurückzukehren. Man warte sehnlich auf diesen Schritt, und dann wäre alles wieder gut ... Dass mit der erweiterten Wiederzulassung der tridentinischen Messliturgie im September 2007 die renitente Bruderschaft aus ihrem Schmollwinkel gelockt werden könnte, ist allerdings kaum anzunehmen.

Nun, wir lassen uns nicht auf eine kirchenrechtliche Diskussion ein. Fest steht, dass eine formelle Exkommunikation ausgesprochen wurde. Andrerseits sind die Weihen, die Lefebvre und seine Nachfolger vorgenommen haben, inklusive die Bischofsweihen vom 30. Juni 1988, nach uraltem katholischem Rechts- und Sakramentenverständnis gültig. Daran rüttelt niemand.

Im Spätsommer 2005 empfing Papst Benedikt XVI. den führenden Bischof der Priesterbruderschaft Pius' X., Bernard Fellay, auf dessen Wunsch hin in Privataudienz. Ein überdeutlicher Beleg für den Trennungsschmerz der «Ecôniens». Der Papst setzte seinerseits auch ein starkes Zeichen. Denn er sprach nicht mit einem Bischof, der Exkommunikation und Schisma «geerbt» hat. Fellay gehörte zu den Akteuren der Spaltung. Er war von Lefebvre verbotenerweise zum Bischof geweiht und auch namentlich exkommuniziert worden, und Ratzinger war damals auf der Gegenseite mit von der Partie. Der Chronist der Bruderschaft kann es sich nicht verkneifen, zu erwähnen, dass auch Hans Küng wenig später den gleichen Weg beschritten hat. «Zwei ungleiche Rebellen», kommentiert das Blatt. Das kann man wohl sagen. Leicht indigniert wird notiert, dass sich der Papst mit Küng, seinem früheren Kollegen, zwei volle Stunden unterhielt, während er sich für Fellay bloß, aber immerhin 35 Minuten Zeit nahm. Was soll's. Schließlich machen doch Kleider Kirchenleute. Der Schreiber rätselt, wie Küng wohl gewandet war. Wahrscheinlich habe er wieder «sein obligates kleinkariertes Jackett» getragen, während Bischof Fellay, der übrigens täglich für den Papst bete, natürlich in seiner Soutane angetreten ist. Das sagt doch alles. Wer ist denn papsttreu? Doch wohl derjenige, der auch den päpstlichen Kleidervorschriften nach wie vor die Treue hält ... Oder?

12

Ratzinger ein Modernist? –
Ein kurzer akademischer Knick

Es war für einen deutschen Jugendlichen unter achtzehn Jahren ein Glücksfall, wenn er den Zweiten Weltkrieg überlebte. Das gilt auch für Joseph Ratzinger, der 1943 als Sechzehnjähriger zur Fliegerabwehr (Flak) nach München einberufen wurde. Er, dem alles Militärische zuwider war, wurde in eine Uniform gesteckt. Im Herbst 1944 konnte er sich vor der «freiwilligen» Meldung zur Waffen-SS drücken mit der Erklärung, dass er Priester werden wolle. So kam er zur milderen Form des «Reichsarbeitsdienstes» und lernte, mit dem Spaten umzugehen. Im Durcheinander des zusammenbrechenden Dritten Reiches wurde er mit seinen Kameraden an verschiedene Standorte herumgeschoben. In den Tagen von Hitlers Selbstmord, Ende April oder Anfang Mai 1945, entschloss er sich, auf eigene Faust aus Traunstein, wo er zuletzt untergebracht war und wo sein Elternhaus stand, zu türmen, wohl wissend, welches Risiko er als Fahnenflüchtiger einging. Deserteure wurden erbarmungslos ohne Federlesens erschossen oder aufgeknüpft. Ratzinger benützte einen wenig begangenen Nebenweg, um ungeschoren davonzukommen. Als er aus einer Bahnunterführung auftauchte, stieß er auf zwei Wachsoldaten. Die ebenfalls kriegsmüden Männer sahen seinen Arm in der Schlinge und ließen ihn laufen: *Kamerad, du bist verwundet. Geh weiter.* So kam er unversehrt nach Hause.

Aber damit war er noch nicht aller Gefahr entronnen. In den allerletzten Kriegstagen wurden zwei SS-Leute in seinem Elternhaus untergebracht, von denen bekannt war, dass sie mehrere Heeresflüchtige exekutiert hatten. Wie durch ein Wunder passierte ihm nichts, obwohl sein Vater zusätzlich seine ganze Wut über Hitler an diesen Spätgläubigen des Nazireiches verbal ausließ, womit er sich und die ganze Familie in höchste Gefahr brachte. Es ging alles gut. Aber als die Amerikaner einrückten, beschlagnahmten sie das Haus. Als Soldat identifiziert, geriet Joseph in Kriegsgefangenschaft. Aber auch dies lief glimpflich ab. Nach sechs Wochen erhielt er die Entlassungspapiere.

Nun ging der weitere Weg zielgerade trotz der Entbehrungen der Nachkriegszeit. Joseph Ratzinger besuchte das Freisinger Priesterseminar und studierte Theologie in München. 1951 wurde er zum Priester geweiht. Nach einem Kaplansjahr in München wurde er Dozent am Priesterseminar Freising, nach der Promotion Professor an der ihm zugeordneten staatlichen Theologischen Hochschule daselbst. Dann begann das Drama seiner theologischen Habilitation. Er arbeitete über Bonaventura, einen prominenten franziskanischen Theologen des Hochmittelalters. Wir folgen Ratzingers eigenem Bericht. Der Gedanke der «Heilsgeschichte» schlug in diesen Jahren die katholische Theologie in ihren Bann. Distanz nehmend zum Schulsystem der Neuscholastik mit ihrem Begriffskorsett und ihrem statischen Gottesbild, wurde Offenbarung nicht einfach als Mitteilung von Glaubenswahrheiten verstanden, sondern als Handeln Gottes in der Geschichte, in welcher Gott sich stufenweise selbst mitteilt und in Jesus Christus seinen Mittel- und Höhepunkt erreicht. Im Spätherbst 1955 reichte er die Habilitationsschrift bei Gottlieb Söhngen, von dem sie gut aufgenommen wurde, an der Theologischen Fakultät der Universität München ein.

Aber da hatte das dogmatische Schwergewicht in München, Michael Schmaus, als Korreferent auch noch ein Wort mitzureden. Wahrscheinlich stimmte die Chemie zwischen dem Altmeister und dem Nachwuchstheologen nicht. Schmaus nannte Ratzinger einmal einen «theologischen Teenager». Schmaus missfiel das Subjektive, das dieser Arbeit seiner

Einschätzung nach anhaftete. Ratzinger war überzeugt, dass für Bonaventura zum Begriff Offenbarung immer auch das empfangende Subjekt gehört. Wo keine Offenbarung wahrgenommen wird, geschieht keine Offenbarung. Oder anders: Das Wort Offenbarung bezeichnet in der Sprache des Mittelalters – so Ratzinger – immer den Akt, in dem Gott sich zeigt, und nicht das Ergebnis von Gottes Mitteilung als etwas objektiv Geronnenes, abgelagert in der Heiligen Schrift. Zum Verständnis von Offenbarung gehört ein Jemand, der ihrer innewird. Ratzinger wörtlich 1997 als Kardinal und Präfekt der Glaubenskongregation in seinen Erinnerungen «Aus meinem Leben»:

> ... Michael Schmaus, der vielleicht auch von Freising ärgerliche Gerüchte über die Modernität meiner Theologie gehört hatte, sah in diesen Thesen keineswegs eine getreue Wiedergabe von Bonaventuras Denken (wovon ich hingegen auch heute noch überzeugt bin), sondern einen gefährlichen Modernismus, der auf Subjektivierung des Offenbarungsbegriffes hinauslaufen müsse.

Die Habilitationsschrift wurde von der Fakultät mit Auflagen doch angenommen. Der damit verbundene akademische Disput und das zeitweilige zwischenmenschliche Zerwürfnis zwischen Schmaus und Ratzinger interessieren uns hier weiter nicht. Aber der Modernismusvorwurf, dem der junge Ratzinger sich ausgesetzt sah, verleitet zum Schmunzeln, wenn man sich den späteren Ratzinger mit allen seinen Verlautbarungen vor Augen hält. Allerdings hatte Schmaus, gemessen an den Vorgaben des Modernismusstreits nach 1900 und den Kriterien zu dessen Bekämpfung, nicht so ganz Unrecht. Man kann Ratzinger zur Gnade der späten akademischen Geburt nur gratulieren. Was der ältere Ratzinger von sich und seinen damaligen Gedankengängen schreibt, weist alle Charaktermerkmale dessen auf, weswegen man um 1910 einen Theologen des Modernismus oder mindestens des Semimodernismus geziehen hätte. Gut denkbar, dass der als Kopf der Modernismusketzerei abgestempelte Pariser Theologe Alfred Loisy am jungen Professor Joseph Ratzinger seine helle Freude gehabt hätte.

Was der Konzilstheologe Ratzinger seinerzeit über seine Vision einer neu zu gestaltenden Kirche geschrieben hat, verdient auch, erwähnt zu werden. In seiner Schrift «Das neue Volk Gottes» von 1969 beklagte er den herrschenden Zentralismus und postulierte die Wiederbelebung der «Triadischen Struktur», das heißt: In der Universalkirche sollen die regionalen Hauptkirchen und die Ortskirchen wieder ihren gebührenden Platz mit dem nötigen Gewicht finden. Das Problem der lateinischen Westkirche sei, dass alles durch das Papsttum aufgesogen werde. Geben wir nochmals Ratzinger das Wort: Er bemängelt, dass *die Einbeziehung der einzelnen Ortskirchen in die Ortskirche von Rom keinen Plural von ecclesiae mehr* erlaubt. Es ist so, *dass die Stadtgemeinde von Rom den ganzen lateinischen orbis* (Erdkreis) *in den kleinen Raum ihrer urbis* (Stadt) *einverleibt. Der ganze Westen ist gleichsam nur noch eine einzige Ortsgemeinde und beginnt immer mehr, die alte Struktur der Einheit in Vielfalt zu verlieren...*

Daran könnte Papst Benedikt XVI. einiges korrigieren. Die bisherigen Erfahrungen mit dem Pontifikat Ratzinger dürften allerdings nach anfänglichen zaghaften Erwartungen solche Hoffnungen zunichte machen.

13

«Postkirchlich» oder «nachchristlich»?

Innerkirchlich wurden in den vergangenen zweihundert Jahren immer wieder Glaubensschwund und Sittenzerfall beklagt. Hirtenbriefe und Predigten waren solcher Töne voll, oft bis zum Überdruss. Da kann man sich ja nur wundern, dass überhaupt noch so viel vom Glauben vorhanden ist. Und auch die äußeren Feinde prophezeiten großsprecherisch und genüsslich das Ende der Kirche und das Verschwinden des Christentums. Die Zeit gab beiden nicht Recht. Weder die Stimmen, die den Untergang in Bälde erwarteten, noch diejenigen, welche den angeblich drohenden Kollaps aufhalten wollten, wurden in ihren Wünschen oder Befürchtungen bestätigt.

Des ungeachtet schreiben und reden neuere Verlautbarungen kirchlich-christlicher Insiderkreise so, als ob das Vorausgesagte eingetreten sei oder mindestens unaufhaltsam daherkomme. Mit der «Post-Moderne» paart sich nun angeblich die Zeit nach Kirche und Christentum. Ein Pfarrer begann seine Predigt am Ersten Advent mit der Frage an die Gemeinde: «Wie können wir in nachkirchlicher Zeit Weihnachten feiern?» Und das, wohl verstanden, vor einem bis auf den letzten Platz besetzten gotischen Münster. Was soll das? Ging es denn vor Jahrhunderten oder Jahrzehnten so viel christlicher zu und her? Bis vor fünfzig Jahren wurden kaum Fragen nach christlicher Identität gestellt. Die katholische Kirche und die Reformationskirchen kreisten um sich und waren bei zaghaft vorsichtiger Ökumene auf ihr eigenes Selbstverständnis bedacht. Da blühte ja immer noch der gegenseitige Wettbewerb. Was ist katholisch, was ist reformiert? Danach wurde gefragt. Es war relativ leicht zu beantworten, was typisch katholisch oder typisch protestantisch war. Was so genau christlich ist, ist schwieriger zu definieren.

Dass die Volkskirchlichkeit mit ihrer Sozialisation von der Wiege bis zur Bahre massiv verschwunden ist, kann nicht geleugnet werden. Es ist aber auch unbestritten, dass es in der zweitausendjährigen Geschichte des Christentums nie so viel intensiv und produktiv gelebte Kirchlichkeit gab wie in den vergangenen zweihundert Jahren, in denen sich die katholische Kirche geradezu verausgabt hat. So kann es nicht verwundern, dass jetzt manches brach liegt, viele Felder abgeerntet und ausgelaugt dastehen und einige Quellen verdunstet sind. Manches ist mit Getöse eingestürzt, anderes still vor sich hin verfallen. Aber dass aus Ruinen auch vielfältig neues Leben blüht, das es in dieser Art früher nicht gab, sollte auch nicht übersehen werden.

Einiges davon zeigt sich in säkularisiertem Gewand, an dem freilich auch andere als genuin christliche Kräfte gewoben haben. Es betrübte Papst und Bischöfe und viele aus dem Christenvolk, dass in der geplanten EU-Verfassung kein christlicher Bezug erwähnt wird. Mit Recht. Das ist zu bedauern. Nur kommt das ja auch nicht ganz von ungefähr. Bei der Erarbeitung solcher Grundgesetze werden, ob ausgesprochen oder nicht, bewusst oder unbewusst, christliche Defizite der Kirchen vergangener Zeiten aufgerechnet. Aber sollte man nicht vielmehr Genugtuung empfinden und sich darüber freuen, dass die gegenwärtigen europäischen Staaten, innerhalb und außerhalb der EU, in ihrer Friedenspolitik und sozialen Gesetzgebung sehr viel mehr praktisches, meinetwegen anonymes Christentum verwirklichen, als jemals in den verflossenen zweitausend Jahren politisch auch nur annähernd in die Tat umgesetzt wurde? Die alten imperialen, nominell christlichen Reiche von der Spätantike über das Mittelalter bis zur frühen Neuzeit waren in ihrer Praxis äußerst dürftig, wenn es um die christliche Substanz ging. Im Vergleich zu den großräumigen Gebilden vergangener Zeiten schneidet die Europäische Union unserer Tage bedeutend besser ab, was die faktisch gelebte christliche Ethik betrifft. Das darf alle, die von den Kirchtürmen skeptisch über die Lande blicken, zuversichtlich stimmen.

Zur Literatur

Es liegt in der Natur dieser essayartig konzipierten Aufsätze, dass sie nicht mit einem wissenschaftlichen Apparat versehen sind. Ein umfassendes Literaturverzeichnis wäre schwierig zu erstellen und würde keinen großen Sinn machen. Vieles ist auch von unzähligen Aufsätzen, mündlichen Informationen sowie persönlichen Erinnerungen gespeist.

Dekrete des Konzils von Konstanz sind in Werken zur Geschichte der Allgemeinen Konzilien, in Quellen- und Sammelwerken greifbar. Für den Zweiten Kappelerkrieg und seine Folgen stützte ich mich vor allem auf das Standardwerk von *Helmut Meyer*, eine erweiterte Dissertation, noch von der klassischen Zwingli-Forschung unter Leonhard von Muralt initiiert.

Zum Verständnis des schweizerischen Jesuitensturms bieten nach wie vor die umfangreichen Darstellungen von *Erwin Bucher* zur Geschichte des Sonderbundskrieges sowie des Jesuiten *Ferdinand Strobel: Die Jesuiten und die Schweiz im XIX. Jahrhundert*, eine große Informationsfülle. Aus Publikationen zum Ersten Vatikanischen Konzil sei auf die in ihrer atmosphärischen Schilderung unübertroffene Darstellung von *Cuthbert Butler (dt. von Hugo Lang)* hingewiesen. Unverzichtbar sind auch die zwei Bände von *August B. Hasler: Pius IX., päpstliche Unfehlbarkeit und I. Vatikanum*, sowie *Klaus Schatz: Kirchenbild und päpstliche Unfehlbarkeit bei der deutschsprachigen Minorität auf dem I. Vatikanum*.

An Geschichten des Papsttums und der Päpste fehlt es in der katholischen Kirchengeschichtsschreibung wahrhaftig nicht.

Genannt seien die vierbändige *Papstgeschichte der neuesten Zeit* von *Josef Schmidlin*, ferner *Georg Schwaiger: Papsttum und Päpste im 20. Jahrhundert – von Leo XIII. zu Johannes Paul II.*

Zur Thematik Schweiz und Drittes Reich liefert das 2003 erschienene, über 600 Seiten starke Buch von Altmeister *Walther Hofer* und von *Herbert R. Reginbogin: Hitler, der Westen und die Schweiz (1936–1945)*, auf diverse aufgeworfene Fragen der vergangenen fünfzehn Jahre vielfältige Einzelerkenntnisse und eine differenzierte Sicht. Zu Bundesrat Motta bleibt die kurz nach seinem Tod publizierte Monographie *Jean Rudolf von Salis: Giuseppe Motta – Dreißig Jahre eidgenössische Politik*, als Gesamtdarstellung maßgebend. Die Flut von Literatur über Hitler, den Nationalsozialismus und den deutschen Kirchenkampf ist unübersehbar. Wenn man sich seit Jahrzehnten mit der Thematik befasst, kann man selbst nicht mehr orten, aus welchen Publikationen sich alles im persönlichen historischen Gedächtnis abgelagert hat. Zur pseudoreligiösen Dimension des Nationalsozialismus und dem damit verbundenen kirchlichen Kulturkampf brachte mir die 2005 erschienene, 800 Seiten umfassende Monographie von *Ernst Piper: Alfred Rosenberg – Hitlers Chefideologe*, wichtige neue Einsichten.

Die von *Liselotte Höfer* und *Victor Conzemius* sehr einfühlsam verfasste, reichhaltige Biographie über Otto Karrer zeichnet anschaulich den Weg der Frühgeschichte der ökumenischen Bewegung in der Schweiz nach dem Zweiten Weltkrieg. Schließlich füllen auch die Publikationen zum Zweiten Vatikanischen Konzil mittlerweile ganze Bibliotheken. Bis auf weiteres wird die von *Giuseppe Alberigo* herausgegebene, wahrhaft umfassende, fünfbändige *Geschichte des Zweiten Vatikanischen Konzils* maßgebend bleiben, von der bisher die Bände eins bis drei von *Klaus Wittstadt*, der vierte von *Günther Wassilowsky* in deutscher Übersetzung greifbar sind. Ein weiteres Werk von vielen: Das 1994 in zweiter Auflage publizierte Buch von *Otto*

Hermann Pesch: Das Zweite Vatikanische Konzil. Subtil und einfühlsam ist das 1990 von *Ludwig Kaufmann* und *Niklaus Klein* herausgegebene, kleine Buch: *Johannes XXIII. – Prophetie im Vermächtnis.* Zum vierzigjährigen Konzilsjubiläum wurde immens viel geschrieben, auf Tagungen und in Seminarien referiert und diskutiert. Weiterführende Würdigungen, Anregungen und Literaturhinweise bietet unter anderem das Spezialheft der Herder Korrespondenz vom Jahr 2005 mit dem Titel *Das unerledigte Konzil.*

Der Autor

Albert Gasser, geb. 1938, Dr. theol., lic. phil., Priesterweihe 1966. Von 1969–1993 Professor für Kirchengeschichte an der Theologischen Hochschule Chur. Anschließend bis 2003 Gemeindepfarrer in Chur; während vielen Jahren auch Seelsorger in der Psychiatrie. Zurzeit Dozent und Rektor von «theologiekurse.ch» (vormals TKL), Honorarprofessor der Theologischen Hochschule Chur.

Publikationen unter anderen: Spaziergang durch die Kirchengeschichte, Zürich 2000 (drei Auflagen); Auf Empfang – Erinnerungen an Geschichte und Geschichten des 20. Jahrhunderts, Zürich 2002; Das Kirchenvolk redet mit – die Synode 72 in der Diözese Chur, Zürich 2005.